高校英语阅读教学策略研究

吕 静 陈 蕊 许丹丹◎著

吉林出版集团股份有限公司
全国百佳图书出版单位

图书在版编目（CIP）数据

高校英语阅读教学策略研究 / 吕静，陈蕊，许丹丹著 . -- 长春：吉林出版集团股份有限公司，2023.6
　　ISBN 978-7-5731-3920-7

Ⅰ. ①高… Ⅱ. ①吕… ②陈… ③许… Ⅲ. ①英语—阅读教学—教学研究—高等学校 Ⅳ. ① H319.37

中国国家版本馆 CIP 数据核字（2023）第 128708 号

高校英语阅读教学策略研究
GAOXIAO YINGYU YUEDU JIAOXUE CELÜE YANJIU

著　　者	吕　静　陈　蕊　许丹丹
责任编辑	李婷婷
封面设计	李　伟
开　　本	710mm×1000mm　　1/16
字　　数	200 千
印　　张	12
版　　次	2023 年 6 月第 1 版
印　　次	2024 年 1 月第 1 次印刷
印　　刷	天津和萱印刷有限公司

出　　版	吉林出版集团股份有限公司
发　　行	吉林出版集团股份有限公司
地　　址	吉林省长春市福祉大路 5788 号
邮　　编	130000
电　　话	0431-81629968
邮　　箱	11915286@qq.com
书　　号	ISBN 978-7-5731-3920-7
定　　价	72.00 元

版权所有　翻印必究

作者简介

吕静　女，1986年生，汉族，河南新乡人，河南理工大学外国语学院教师，讲师，硕士研究生学历。先后发表学术论文10余篇，主持、参与完成各级各类科研项目10余项，参编教材1部。曾荣获河南省教育科学研究优秀成果一等奖、河南省信息技术教育优秀成果二等奖。

陈蕊　女，1985年生，汉族，河南焦作人，河南理工大学外国语学院教师，讲师，硕士研究生学历。先后发表中文核心论文2篇，主持河南省教育厅项目2项，参编教材1部。曾荣获中国外语微课大赛河南省二等奖。

许丹丹　女，1985年生，汉族，河南焦作人，河南理工大学外国语学院教师，讲师，硕士研究生学历。先后发表论文6篇，主持河南省教育厅、省社科联项目5项。曾荣获河南省社科联优秀成果一等奖。

前 言

阅读是人们获取信息、进行思想交流的重要途径,更是现代社会人们生存和发展不可缺少的社会文化技能。在整个外语教学过程中,阅读教学始终占据着非常重要的地位。在理论和实践上,阅读问题历来是语言教育者们研究的重点问题之一。英语阅读既是学习英语的目标之一,也是英语学习最主要的方式方法。英语阅读能够增加学生的知识,使学生接收到很多新的信息,开阔视野,提高逻辑思维能力和理解能力。所以,培养大学生的英语阅读能力至关重要。高校英语阅读教学对于提升大学生英语水平具有重要意义。在教学中,英语教师应积极探究,寻找合适的教学方法,注重向大学生传授基本的阅读技巧和技能,使大学生对英语阅读有一个正确认识,并养成良好的终身阅读习惯。随着教育改革的深入推进,我国各高等院校非常重视英语教学,尤其大学英语四级和六级考试对大学生英语阅读理解水平提出了更高的标准和要求。在新时代高校英语阅读教学改革中,高校教学是素质教育的客观需求,提高大学生的英语阅读技能,提升大学生的综合素质就成为当前英语教学改革的重要内容之一。高校英语教师一定要采取有效措施,针对大学生的具体情况,摸索出适宜的教学方法与模式,引导大学生在高校阶段内化英语阅读课程,使大学生获得基本阅读技能。

本书共六章,第一章为绪论,包括阅读的内涵和模式、我国英语阅读教学的历史、英语阅读教学的影响因素;第二章为高校英语阅读教学的构成,包括高校英语阅读教学的目标和意义、高校英语阅读教学的原则、高校英语阅读教学的基本方法和模式、高校英语阅读教学存在的问题及对策;第三章为高校英语阅读教学的相关理论,包括图式理论、关联理论、互文性理论、阅读模式理论、建构主义理论;第四章为高校英语阅读教学方法与策略的创新,包括体裁教学法、任务型教学法、问题式教学法、情景式教学法;第五章为高校英语阅读翻转课堂模式的构建，包括翻转课堂综述、翻转课堂模式下高校英语阅读教学的改革与创新、翻转课堂模式下高校英语教师的发展与提升；第六章为高校英语阅读教学的信息化改革，包括高校教师信息化教学能力分析、信息化背景下高校英语阅读教学的改革与创新。

  本书共20万字，吕静负责撰写第一、五章，约7.2万字，陈蕊负责撰写第二、六章，约6.8万字，许丹丹负责撰写第三、四章，约6万字。在撰写本书的过程中，作者们得到了许多专家、学者的帮助和指导，参考了大量的学术文献，在此表示真诚的感谢。本书内容系统全面，论述条理清晰、深入浅出，但由于作者水平有限，书中难免会有疏漏之处，希望广大读者予以指正。

目 录

第一章 绪论……………………………………………………………1
  第一节 阅读的内涵和模式……………………………………3
  第二节 我国英语阅读教学的历史……………………………11
  第三节 英语阅读教学的影响因素……………………………14

第二章 高校英语阅读教学的构成……………………………………25
  第一节 高校英语阅读教学的目标和意义……………………27
  第二节 高校英语阅读教学的原则……………………………32
  第三节 高校英语阅读教学的基本方法和模式………………36
  第四节 高校英语阅读教学存在的解决及对策………………45

第三章 高校英语阅读教学的相关理论………………………………53
  第一节 图式理论………………………………………………55
  第二节 关联理论………………………………………………58
  第三节 互文性理论……………………………………………63
  第四节 阅读模式理论…………………………………………67
  第五节 建构主义理论…………………………………………71

第四章 高校英语阅读教学方法与策略的创新………………………81
  第一节 体裁教学法……………………………………………83

第二节　任务型教学法 …………………………………… 86
　　第三节　问题式教学法 …………………………………… 96
　　第四节　情景式教学法 …………………………………… 100

第五章　高校英语阅读翻转课堂模式的构建 ………………… 105
　　第一节　翻转课堂综述 …………………………………… 107
　　第二节　翻转课堂模式下高校英语阅读教学的改革与创新 …… 119
　　第三节　翻转课堂模式下高校英语教师的发展与提升 ……… 126

第六章　高校英语阅读教学的信息化改革 …………………… 149
　　第一节　高校教师信息化教学能力分析 ………………… 151
　　第二节　信息化背景下高校英语阅读教学的改革与创新 …… 168

参考文献 ………………………………………………………… 181

第一章 绪论

本章为绪论，对英语阅读方面的相关内容进行简要叙述，主要介绍三个方面的内容，分别为阅读的内涵和模式、我国英语阅读教学的历史，以及英语阅读教学的影响因素。

第一节 阅读的内涵和模式

一、阅读的内涵

阅读过程的研究一直是语言教学研究中的重点课题。许多人把阅读理解过程看作是首先识别每一个单词，然后理解每一个句子的含义，最后便自然而然明白整篇文章的含义。事实上，理解每一个单词并不等于就了解整篇文章，了解整篇文章也不一定要了解每一个单词。

美国语言哲学家古德曼（Goodman）经过大量研究，提出阅读是一种"心理语言猜谜游戏，是思想和语言相互作用的过程"。他指出，阅读活动实际上就是对一个未知世界进行猜测的心理过程，即人们通过大脑的认知加工将未知的内容转换成可理解的符号系统的思维过程。在这种推测的博弈过程中，读者尽量将文本作者已编码过的资料再建构为新的图式。这一重新建构行为经历了一个循环过程，也就是读者源源不断地吸收着来自文本的信息，依据文本信息进行预测以及预测后摄取资讯，对先前预测进行核实或校正。在这个循环往复、螺旋上升的过程中，读者的认知能力得到了充分发展，从而形成一种新的认知结构和思维方式。这种不断重复的"摄取→预测→再摄取→修正"循环，被人们称为"古德曼心理语言学阅读模式"。

在建构主义理论视野下，阅读就是读者对知识进行再建构的活动。这种重构就是通过读者主动地参与文本的建构活动来完成的。阅读时，读者对于外来信息的鉴别、处理和获取，需要建立在大脑原有信息与知识的基础之上。在这个基础之上，读者权衡并加工新信息，建构新信息关联认知体系，并猜测和感受文本作者的想法和交流意图。这一建构过程认知活动目的、规划、策略及其他因素监测和影响，文本作者对文章进行语言编码可以对读者起到导向作用，督促读者有意识地运用原有知识、提炼构建新的内涵。阅读过程并不仅仅简单地取决于作者在语言符号上给读者带来的刺激反应，同时还是作者语言思维和读者认知建构图式互动的复杂过程。由于人们所具有的知识结构存在着差异，不同类型的阅读者形成的阅读模式也不尽相同。建构主义理论这一视角偏向于将阅读视为读者独立建构知识的一个过程。

关联理论创始人斯珀伯（Sperber）与威尔逊（Wilson）对各个流派关于语言本质的理解进行了总结，他们对语言的交际特征作了全新的论述，指出语言交际过程就是交际两者明示——推理的活动，同时又是一个复杂的动态过程。这种认识使我们清楚地认识到，语言交际就是一种双方互动的行为，这为语言交际的研究开阔了思路、拓展了视角。阅读是人们获取信息最直接、最有效的手段之一，是人类获取知识、发展思维、提高素质必不可少的途径。阅读还是交流的过程，读者通过对语言文字中关联信息的搜索，能够确切地推测出作者的真正用意。

著名篇章语言学家罗比特·德布格兰德（Robert de Beaugrande）和德雷斯勒（Dressler）提出，篇章交际对人的符号行为进行了最细致的判别，传承着人类一切理性行为中最重要的技术，如处理解题能力、计划能力、将假定广义化能力、检查与修正能力、应对非期望和不可能事件能力等。篇章仅仅在读者解读时才能发挥篇章的本质作用。篇章阅读实际上就是一个把语言形式转化为理解对象，并在这个理解对象基础上形成新的语言表达方式的过程。篇章阅读既是一种来自语境的艺术品，是对世界知识的一种假设，又是作者所辑录的语码远远大于其内容资料的详细过程。

认知语言学认为：读物作为客体，影响着读者这个主体，但是，主体同时也不断地运用其经验积累来适应、同化或者逆反客体承载的信息。阅读是主体和客体持续互动的过程。阅读教学应该注重引导学生进行积极的"再创造"活动，即从接受性学习转向探究性学习，使之形成主动建构新知的意识和能力。读书时，学生应该将新知识融入或者同化于原认知结构中去，重构新型认知结构，以实现对外部对象新知的适应。这可以最大限度地启动其认识发展过程的内部机制，是读书的最大价值。阅读理解就是在这种"内驱力"作用下所产生的一种心理现象。就其本质而言，阅读理解是一个复杂的心理认识过程，是读者对人物信息的主观处理。作者以信息加工为视角，分析了阅读教学与阅读理解能力培养的关系。认知语言学信息加工理论借鉴了主观主义心理学和格式塔心理学等合理因素。

对于读书的实质，现在比较流行的看法是阅读有两层含义：第一层次在视觉层面上，以识别文字符号为主，把信号传递给大脑；第二层次在认知层面上说明了视觉信息，这并非仅限于认字释义，在这个层次上，读者头脑里正在发生一个重建过程，力求重现文本在具体语篇创作中所表达的含义。这种看法似乎可以成立，因为它把阅读看成是一个由感知到记忆再到想象等一系列心理过程构成的连续体。事实上，第二层次是一个颇为复杂的程序，并非如一些人所想的读书就是被动地接收信息，实际上是一个积极、主动的信息加工过程。在心理语言学视野下，读书是积极的创造性行为，读者应在已有知识经验的基础上，甄别、猜测、判断和概括出文本作者所想表述的含义。

纳托尔（Nuttall）提出，阅读是互动的交际过程。按照这种看法，阅读有三大特点：第一，就像说话和倾听的交际过程一样，阅读是一种文本作者与读者的交互行为，文本作者通过特定语篇来表达他所要传达的内容，读者了解语篇，从而获得信息。也就是说，阅读是一个动态的互动过程。但是，与听不一样，阅读只是一种间接行为，除书面文字材料之外，并无其他特定交际环境，也就不会有双方面对面的沟通，所以，阅读中的互动过程要复杂得多，难度也更大。阅读的这些特点决定了它不仅需要一定程度上的逻辑思维能力，而且还需要丰富且深刻的想象力以及较强的记忆力，同时还需要具备较高的语言表达能力。第二，前面说过，阅读是一种积极的创作过程，读者并非被动接受。阅读也不仅仅是一个视觉过程，而是必须以视觉信息为基础，并借助于多种非视觉信息对结构的连续预报以及基于特定场合、篇章构造的语义进行测试，这一语言接受过程是一个实验、不断预测、检查和判定的循环过程。在这个动态过程中，阅读是一种特殊的选择行为。读者在猜测的基础上对语篇含义进行理解，不得不就文中选词、列举事实、组织结构加以判断，从而理解文本作者所要表现的材料。

弗朗索瓦丝·格雷莱（Francoise Grellet）认为，阅读的过程就是一个不断猜测的过程，读者已有的知识比起要接受的知识更为重要。他认为，阅读理解的步骤如下：浏览（标题、长度、插图和字体）→预测内容、功能和文体结构→快速阅读→确认或修正预测→进一步预测→更加仔细地阅读。

心理语言学家对阅读理解过程所持的观点是：阅读过程不是一个单纯的信息传递过程，读者也并不是被动地接收信息，读者的阅读是一种主动、积极的行为，对脑力活动要求较高。在这个过程中，读者总是处于主动地位，不间断地解码、处理、加工视觉信息。因此，阅读也就成为一种智力活动。这就说明了文章的内涵并不是素材本身，而是读者和资料不断进行交流活动的产物。读者将新知识与旧知识相关联，以达到对文章含义的全面认识，这种引申意义上的脑力活动并不只是简单地解码词汇意，而是要完整地理解文章内容。所以说，阅读就是一种复杂且有规律的认知活动。阅读是进行判断、推理、概括和总结的一种活动，读者要想准确把握文章的内容，就必须有充分的心理准备。读者需要将散见于文中的各类信息联结起来，在进行必要判断和推理之后，引出对这篇文章的理解。在这一心理过程中，读者首先要根据已有知识经验进行推断和推测，然后再通过逻辑运算得出结论。这个过程不仅需要读者具备必备的语言能力，同时对预测读者机制、认知能力和语篇分析能力也有更高层次的需求。在阅读过程中，读者要经历一系列复杂的心理活动。阅读是心理语言的猜测活动。在这个过程中，读者必须根据语境推测出下文是什么，而不是凭个人经验去推断。这就是说，优秀的读者总在不停地揣测着下面的内容，再利用文本作者给出的资料来验证自己预测的准确性。如果不准确，读者就会产生一种"错觉"——认为这篇文章是错的或者不是真的。如果预测无误，读者就会开始接下来的预言；反之则停止预测，直到文章被读懂为止。如果预测失误，读者就会对原有假想加以纠正。因此，阅读过程实际上就是读者不断地推测、判断和修改的心理过程。受心理语言学影响，阅读理论研究开始关注阅读的心理机制，关注在这一机制作用下信息传递和信息处理的过程，并且通过阅读行为分析，论证了阅读能力的组成。

综合学者意见，阅读是一种解释、感受、感知和情感递进的思维过程，是一种心理上的语言活动，也是语言知识与图式知识互动的产物。阅读理解就是对文章信息进行分析整合并形成意义的心理过程，同时也是一个解码过程，是读者和作者的交流和沟通过程，也是在语篇中建构有效连贯心理表征的过程，受语言水平和多种心理认知机制的综合影响。

从实质上看，读书是一项复杂的身心活动，是视觉信息与非视觉信息交互影响的活动过程。阅读理解是在大脑对语言文字进行加工处理的基础上完成的。阅读这一心理过程，是指由读者发动各种生理器官、知识结构和技能技巧与阅读材料中书面符号进行关联，并且透过这一关联对符号进行诠释，由此重构信息。即在进行外语阅读时，读者作为个体，运用文章中的种种现象而产生刺激作用，开展一系列取样（sampling）、预测（predicting）和其他思维活动。当读者阅读文本的时候，文章的标题、词语、句子和图表等信息经过加工后被储存到读者的脑中，成为其头脑里新出现的事物或概念。读者脑中的有关知识会指引读者在阅读中找准位置，并且对所阅读的东西形成预测。这种预测就是读者对原文信息的解读。如果预报成功则进行验证，然后顺利地完成阅读；相反，如果读者的预测无法被证实，那么他们就必须颠覆自己的预测，寻求新"论据"，并且持续发展出新的预测，直到读完。

大学英语阅读就是一种以文章为语言实体与信息载体对书面信息进行认知建构的言语过程，集语音、词汇和语法等基础知识为一体，是综合训练和考查学生的语言运用、阅读理解、逻辑推理和分析判断等能力的有效手段。英语阅读是输入技能之一，克拉申（Krashen）输入假设是英语语言综合运用能力提高过程中最为直接的反映，也就是说，第二语言习得能力高低的关键因素是是否接触了数量众多、内涵丰富、趣味十足或相关第二语言输入材料。因此，阅读教学对培养和发展学习者的外语应用能力至关重要。克兰德尔（Crandall）也同意这种观点——阅读是语言输入最大的来源，许多时候，学生能从阅读中得到知识，无需特别的手段。

二、阅读的模式

心理语言学专家、认知心理学专家与信息处理研究者基于信息加工观点与方法，对人在认识、学习等方面使用的方法加以归类。从心理学角度看，语言是人类思维活动的结果，包括词汇、句法和篇章等不同层次的内容，因此，可以说，阅读是一个复杂且系统的心理过程。阅读心理学家还对阅读全过程做了大量的研究和分析，总结出许多与阅读过程有关的模式。

模式总体可以分为三类：

（一）"自下而上"或"信息驱动"模式

高夫（Gough）是这种模式的典型代表。自下而上模式重视语言信息在材料上输入，认为读书是从最小量语言单位开始的，人对事物的认识并不取决于先前的自身认识，而是用刚刚获得资料里的词汇、句子和其他材料进行信息加工处理来获得。这一规律是指从外部刺激出发进行处理，即翻译和解码阅读材料。在这一过程中，读者首先要获得所需的词汇和短语，然后才能完成语篇分析任务。这是一个将书面语译码为口语的过程。这一模型认为：阅读的关键是对单词进行识别，读者要集中注意力。在阅读的初级阶段，读者首先要记住大量的低层次性语言材料，然后再通过分析这些低层次性的词汇来完成整个阅读活动。由于在阅读过程中，读者的注意力有限，只能够针对单词、词组等进行低层次的辨认，读者要做到几乎自动的地步，才能把目光投向对语义、语篇的理解中。在此基础上，作者提出了基于词汇识别和句子加工机制的阅读理论框架。这一阅读过程是以信息为动力、在文章统治下进行的程序，帮助阅读者分辨出与其在文章中所作假定不符的新信息或者信息。

（二）"自上而下"或"意念驱动"模式

肯尼思·斯·古德曼（Kenneth S.Goodman）是这种模式的代表。自上而下模式和自下而上模式是两种不同类型的阅读教学理论。自上而下模式是指读物乃至某一种符号在读者脑内启动一些相关知识的可能性，由此，阅读者对阅读的定位得以形成，并且对所阅读的东西形成预测。成功的预测能让读者圆满完成阅读任务；相反，读者就必须推翻他们的预测，寻求新论点，并且不断发展出新的预测，一直读到结尾。这一模式主张：有技巧的读者能够从书面文字中直接领悟含义，而且不需要进行口语译码过程。阅读理解是一种复杂的认知心理现象。这一模式的处理是从对知觉对象总体认识出发。由于受不同语言和文化背景影响，读者需要根据上下文来判断是否能读懂文本作者提供的信息。读者应善于捕捉文章中的暗示，形成预期或知觉对象假说，然后理解文章。这句话完全违背了自下而上模式的阅读方式，突出了读者的认知能力和背景知识对阅读的影响。

伴随着"自上而下"这一理论模式发展，认知论和教学法的研究开始结合起来，认知教学法应运而生。这一教学理论突出了读者的认知结构与背景知识的关系。阅读就是通过对文本内容进行分析来获得意义并建构新概念的过程。在阅读中，读者没有相关背景知识便不能正确地理解语篇，如果背景知识不足，则将导致理解困难。在此背景下，学生可以通过对英语文本的解读来了解文章所表达的意义。阅读教学过程已经不是纯语言教学了，背景知识的传授与应用在其中也占有举足轻重的地位。一般做法是：在读书开始之前，教师先介绍相关的背景知识，之后学生开始阅读，期间学生利用非语言知识有助于对词和句的含义进行理解，最后，安排几个考察理解程度的活动。这种教学模式已被实践证明行之有效，可以激发学生的主观能动性，使学生借助背景知识克服语言障碍，实现对语篇的正确理解，增强学生的阅读能力等。

这种教学模式与"词汇—语法"教学模式相比，具有明显的优越性，但由于它过多地强调了背景知识的功能，因而受到了批评。有学者质疑这种教学模式的视角与方法：阅读理解是以语言知识为基础，还是以背景知识为依据？在外语教学中是否应该把背景知识排除在外呢？背景知识在多大程度上弥补了语言知识的缺陷？在这种情况下，学生能否利用所学到的知识独立地解决问题？再者，外语阅读和母语阅读之间存在着巨大的区别，母语读者已具备足够的母语语言知识，能够进行自由灵活的主观判断，外语读者只能借助于文字来理解文章的意义。所以，依靠强化背景知识提高阅读理解能力更适合母语的阅读，对外语阅读来说，背景知识与语言知识是同等重要，但是语言知识才是最根本的，对语言缺乏足够的了解，单靠背景知识，很难正确地理解文章内容。

（三）"综合或交替"的言语理解模式

相互作用的模式的代表是鲁梅尔哈特（Rumelhart）。实际上，在阅读的过程中，两种模式有时会交替使用，甚至同时出现，取决于文章的类型、读者已有的背景知识和语言能力。在上述研究的基础上，学者们提出了一种更为理论家们所接受的新模式，即"综合或交替模式"，也就是鲁墨哈特等提出的"综合或交替的言语理解模式"。在这一模式中，言语理解由自下而上与自上而下互动完成。在直觉良好的情况下，直觉基本上从下往上处理，依据条件的变化，从上至下的处理参与程度会逐步上升。因此，语言学习者必须具备较好的理解能力才有可能成功地完成言语理解任务。如果将两种取向相反地处理组合，那么它可以使言语理解过程进行得更快、更有效；对于熟练阅读者来说，自下而上和自上而下的阅读可以同步进行。交叉模式就是这两种阅读模式的结合体。

柯迪（Coady）是在这个基础上进行精心设计，提出了ESL(English as a Second Language，英语作为第二语言）的阅读模式。这种模式强调对文本内容进行分析和推理过程中所运用到的各种技巧。以柯迪为范本，阅读者背景知识、概念能力与处理策略相互作用的结果会导致理解的出现。其中，背景知识可以解释为一个整体，它对个体的认知过程起着重要作用。这里的概念能力，指的是总的智力（general intellectual capacity）处理策略，包括很多最常见的语言处理技巧，如音节/词素信息、句法信息、词汇意义和语境意义的关系等。这些都与背景知识有关，也是构成理解的重要因素之一。在柯迪看来，背景知识也可以弥补加工策略（比如某些句法）的缺陷。

正如基思·斯坦诺维奇（Keith E. Stanovich）和辛格（Singer）所说，在阅读过程中，存在着一系列具有各个不同水平的技能，内容涉及词语识别、句法分析、语境知识、背景知识（也称为世界知识）以及其他技能。这些不同层次的能力能够解决不同层次的问题。因此，阅读活动是一个复杂的认知活动，涉及心理学、语言学以及其他学科领域的内容，具有很强的综合性。

按照认知语言学原则，一个理想的阅读模式应包括如下三个方面的内容——概念能力、信息加工方式和图式知识等。在此三方面中，前二者是基础，后者则为前者提供了必要的前提和条件。三个方面相互作用、相互配合，才有可能形成这一理想阅读模式之运作方式。

1. 概念能力

概念能力是指人在一般智力上所表现出来的才能，在阅读理解中处于关键性地位。它是指读者如何将零星信息提炼成概念，即阅读材料感知输入向阅读材料最佳理解转换的过程。因此，要想学好语言就必须具备较强的概念理解能力。运用英语阅读教学方法，是增强概念能力的一种有效方法。

2. 信息加工方式

信息加工方式是阅读能力不同水平的组成部分，同时它还包含了很多常用语言处理技能。在加工方式上，学生阅读的时候是因为社会、文化上的各种成因，或者因阅读表意文字向拼音文字过渡调整的缘由，他们一般无法理解或者无法充分利用语境中所提供的信息，因此，学生对句子含义的理解往往会出现困难。

3. 图式知识

所谓图式是指人脑所预设的知识结构，大脑对于先前经验所做出的反应或者主动组织。图式理论主要试图说明人类如何利用脑内有关图式网络进行信息存储与组织。阅读理解的实质是人们通过头脑里已有的图式网络来进行新信息的接收、存储和提取。图式对信息加工的影响就是读者的背景知识（图式）和其接触到的话语互动的过程。

总之，阅读心理语言模式认为理解程度和概念能力、图式知识的关系有很密切的关系，并且两者和处理策略共同作用于读者已有知识与文章内容相互作用的双向过程中：其一，将信息从书面到大脑看作是信息驱动过程；其二，让头脑中原有的知识或观念依附于新的信息，由此推动了新信息加工处理与同化吸收过程，称为"概念驱动过程"。其中，前一阶段为信息提取、储存和编码的过程，后一阶段为意义形成和表达的过程。这两方面的工作是同步进行的，也是相辅相成的。进行"信息驱动"可以让读者快速搜索、甄别并整理出脑海中原有知识缺乏的新资料，而"概念驱动"的过程可以让读者快速地调动心智、搜集以前已经拥有的知识，以及阅读内容的预测，然后将现有的知识与新的信息进行对比和整合，对已作出的预测加以证实、补充或者否定，修改等以完成整个文章的内容。所以，如果能将这些认知语言模式灵活地运用到阅读活动中，就会帮助学生准确地阅读材料、全面且深入地掌握。

第二节 我国英语阅读教学的历史

在我国，多年以来的英语教学模式基本上以读为主，以听、说和写为辅，其主要原因是：社会对英语教学的主要需求是阅读，而阅读又是英语教学环境下最便捷、最现实、最有效的英语教学语言方式。

但是，目前已经发生了一些新变化。例如，我国的对外开放、信息技术的迅猛发展、经济持续稳定高速发展使得对英语口语的需求剧增，英语语音和音像资料空前丰富，使得听力教学异军突起等。这些新的形势引出对听力和口语教学应进行再定位的要求。还有一些专家和学者建议，中国英语教学应终结以读写为本的历史，进入以听说为主的时期。这些都说明，我们已经意识到英语学习的重要性以及培养学生良好语言运用能力的迫切性。但是，从另一个角度看，这些新形势进一步强化了阅读教学对我国英语教学的促进作用，不只是在数量和规模上，在质量、水平和样式方面也对英语阅读有了更新、更严的要求，因此，不少专家、学者撰文发声"我国英语教学应始终以读写为本""要提高英语水平必须依靠不间断的大量阅读……有了扎实的读与写的基础，听说跟上是不难的"。关于这一点，我们提倡：发展并倡导听力教学和口语教学，使之符合历史与社会发展，同时要进一步重视阅读教学对中国英语教学的基础性作用，加大力度，学习与新形势相适应的阅读教学新理论和新方法，使阅读教学得到质的提升，从而促进整个中国英语教学的和谐统一的前进。我国的英语教学应该跟上时代的步伐，充分利用现代信息技术所提供的方便，适应社会发展的需求和变革，作出正确的历史抉择。

自20世纪50年代至今，国内大学英语阅读教学普遍采用以下几种课堂教学组织模式：

（一）传统英语阅读教学法

长期以来，传统英语阅读教学法一直受到传统描写语言学和结构主义语言学等多种学科的影响。我国英语教学历来将语言当作一个完整的系统进行教授，使用的传统教学模式主要有：教师讲授生词、语法，用句子分析的方法讲解课文，对学生进行提问，让学生回答和练习。在这个模式下，学生处于被动地位，教师主要针对语法和句子进行分析和说明，强调了语法和翻译的意义，往往将阅读等同于翻译，用"对号入座位"法，将英语中每个词汇或句子都用汉语的字、词、句代替。

（二）常规英语阅读教学法

常规英语阅读教学法类似于美国的SQ3R阅读法，SQ3R阅读法是由美国教育学家弗朗西斯·罗宾逊（Francis Robinson）。在这种模式下，首先，教师在上课之前，让学生预习课文；然后，教师在上课的时候解释语言点，或者一个句子一个段落地传解，强调语言点，以问答的形式使学生对课文有更深入的了解；最后，教师让学生进行阅读练习。这一教学方法还不是真正符合读者的阅读心理的客观语言活动，并没有改变在教室里教师讲、学生记的一般格局。尽管学生在上课时有机会练习，但是并未真正体验到心理语言学活动的过程。在这一模式下，教师讲解与学生实践均与心理语言学基本原理不相符，学生倾听教师的讲解并不等于阅读实践，教师把语言知识讲透彻并不等于学生掌握了阅读知识。

1. 听说教学法

传统的英语教学法在20世纪60年代遭到了反对。一些人认为，这一教学程序对学生阅读技能的训练效果不明显，因此，结构主义听说法理论被应用于教学，提出"听说领先"的指导思想，强调句型训练，以便提高学生的听说能力，由此带动学生的阅读技能水平的提高。课堂教学往往采取以下环节：Listening-practice（听力训练）、Oral Practice（口语训练）、Pattern Drills（句型练习）、Looking at the Written Script（看剧本）、Further Practice in a Controlled Context（在可控环境下实践）。这一教学程序对学生听说能力有一定的促进作用，并且提升了学生的阅读技能水平，但是，只在最基本的环节有效。

近几年，国内部分院校借鉴国内外阅读教学经验，从学生实际出发，结合教学目的，依次在阅读程序上做了一些有价值的探索，从而得到阅读教学的六个环节，即激发兴趣、快速阅读、初步检查、评析讨论、重点练习和综合性活动。该教学法让学生在上课时阅读，由教师引导，在指定的期限内完成。

这一阅读程序对于学生克服不健康的阅读习惯，养成正确的阅读习惯，具有一定的积极作用。在教学中，我们发现，学生普遍感到英语学习枯燥无味，对英语学习没有兴趣。与此同时，很多教师开始把注意力由简单的语言知识传授转向促进学生接受信息，舍弃了长期以来支配英语课堂教学的单词讲解—课文分析—课堂练习的"三段教学法"。

2. 语篇教学法

语篇教学法作为一种新兴的教学思想，近年来在国外得到了发展，其原理与方法（如功能意念法，交际教学法等）引进我国以后形成了一种全新的教学方法。

语篇教学旨在训练学生对作者观点、意图的理解能力，培养学生通览全文的能力，并且促使学生将注意力主要是集中在"篇"上，而不是"句"上；主要是集中在文章之"意"上，而不是在语法点上。语篇教学的重点是语篇分析，即从表达完整、含义准确的思想内容语段篇章结构形式出发，分析句与句之间的关系、段与段的联系，以及有关含义与逻辑思维的贯通等，引导学生了解并掌握基础语言现象显示出的交际功能，以及从动态的语言交际环境出发，把握基础语言现象。

语篇分析能够指导学生通过对语法词汇衔接关系进行分析，把握句子之间的联系、段落之间的连接，通过对句际、段际意义联系进行分析，把握整篇文章的篇章主题及其中心思想，同时，把握句子篇章对表达语篇总体意义的作用。语篇分析也能够训练并促进学生的分析、归纳、全面的推断能力，还可以对学生进行语言能力的训练（如语法、词汇等衔接手段的剖析）和交际能力（如了解作者的思维方式，掌握语篇的整体思想等）的训练。

语篇是由一系列持续的语段或者句子组成的语言整体。从语义上讲，它就是指整体意义，语言形式一定要满足语篇对语法的总体含义要求，利用语法和词汇手段连句成段，形成语言的整体。因此，语篇一定要有语法、词汇和其他衔接成分，一定要满足语义、语用和认识原则，句子间的概念必须是相互关联的，在句子之间的安排必须是合乎逻辑的。教师可针对不同主题，抓住关键，开展语篇分析。就语篇教学而言，学生在掌握了一些语言基础知识后，应该进行有关英美文化、人文历史、地理风俗及其他知识的了解和学习。在语篇教学时，教师要先给学生们介绍一些必备的背景知识、风土人情和文化习俗等。

第三节 英语阅读教学的影响因素

一、环境因素

（一）社会环境

社会环境是影响和制约英语阅读教学的重要因素，主要涉及国家的教育方针、科学技术水平、经济发展状况、人文精神、外语教育政策、社会群体对英语学习的态度以及社会对英语的需求程度等。英语阅读教学中大纲的制定以及课程标准的设置都需要以符合社会对于英语人才的需求等为依据。英语阅读教学发展的主要动力就是社会环境，它对英语阅读教学有着极强的导向作用。

（二）学校环境

为学生提供学习场所和学习手段的最佳环境就是学校。学校环境对英语阅读教学的影响是最重要和最直接的，决定着多数学生的英语学习效果。学校环境主要涉及课堂教学、接触英语时间的频率、班级的规模、教学设施、教学资料、英语课外活动、英语教师及其他教职工对英语的态度及其英语水平、校风班风和师生人际关系等。

1. 教学设备

教学设备是学校教学的重要组成部分，包括很多方面，教室、图书馆、实验楼、办公楼、宿舍等都属于学校的教学设备。教学设备的完善程度直接影响着英语教学活动的开展。好的教学设施，如教学楼和图书馆等都有助于增强学生的学习意识。一些语音教室和多媒体设备可以为学生的英语阅读学习提供必要的技术支持，学生可以通过语音教室等提高自己的阅读水平。这些设施也在一定程度上缓解了学生的学习疲劳，有助于激发学生的英语学习兴趣。简而言之，这些现代化教学设备给英语教学营造了良好的氛围。

2. 教学信息

现代化的教学设施不仅可以为学生提供一些学习的工具，还可以拓宽学生的信息渠道。学生的英语知识不仅可以通过教材和课本获得，还可以通过互联网等来获得。英语学习需要实践，只在课本中学习英语是不可能从根本上提高英语水平的，现代的信息技术为英语学习提供了很好的信息来源，使学生能够通过互联网等与外界的英语世界进行交流和学习。

学校环境对英语阅读教学有以下几个方面的影响：

①教学环境能够使教师在教学中更加努力地营造良好的课堂环境，充分利用现代化教学设备，优化教学环境，提高学生对英语语言的运用能力。

②教学环境可以帮助教师正确认识环境对学生英语学习的影响，结合我国英语教学的现状，理性地分析、判断和选择其他国家英语教学的理论和方法。

③教学环境可以帮助教师有效地加工语言输入材料，科学地设计语言练习，创设良好的课堂英语使用环境。

④教学环境有利于教师在不断学习和实践优化课堂教学环境的策略以及创设良好的英语教学环境的过程中，提高教学素质。

（三）国家政策法规

所谓政策因素，指的是教育行政管理部门从社会、政治、经济等方面对人才的需求等制定的相关的外语教育政策。这些外语教育政策会对英语阅读教学提出具体化目标，这些目标可以使教学活动更加具有针对性，提高人才培养的实用性和现实性。决定大学英语阅读教学的政策因素主要有以下三个方面：

①大学英语阅读教学是影响我国21世纪发展和人才培养的重要因素。大学英语阅读教学能够对学生的整体素质、能力和知识结构等产生重要影响，且这些因素会对社会的发展产生间接的影响。

②国家政策不仅为大学英语阅读教学制定相关的政策和目标，还对教师的工作进行监督和分析、评估。国家政策对于教师的工作热情和积极性具有重要影响。奖罚分明的制度能够有利于教师在本职工作岗位上兢兢业业、刻苦钻研、乐于付出，为国家培养出更多优秀的英语人才。

③关于学生的分配，以及学生获得的相关证书等都能够对其以后的毕业和工作产生重要影响。

（四）个人环境

个人环境对学生的英语学习具有一定的影响。个人环境一般包括学生的家庭成员、同学和朋友的社会地位、物质生活条件、文化水平和职业特点及其对英语学习的态度、经验、水平和学习方式，成员之间的关系及感情，学生的经济状况，拥有的英语学习设备和用具等。

二、学生因素

（一）学生的生理因素

1. 年龄

现有研究与教学经验说明，年龄是母语与外语习得中非常重要的生理因素之一。从外语教学实践看，任何一门课程都要根据不同的学习对象确定相应的年龄特征。就母语习得的研究而言，孩子超过一定年龄，即便在语言环境存在的情况下，要想成功地习得一门语言都是非常困难的。因此，在第二语言学习过程中，需特别重视年龄因素对其发展所产生的影响，对于狼孩及其他离开正常人类生存环境，到了一定年龄阶段却没有习得人类语言等现象的考察，便是最好的证明。因此，对于语言发展而言，年龄是非常关键的影响因素。这在语言习得研究中称为"关键期假说"（Critical Period Hypothesis，简称为 CPH）。

就研究现状而言，对于关键期结束的特定年龄难以形成统一意见。不少研究者都使用了"发育期"这个术语，但是，它明显不是一个清晰、明确的概念。因为它并不能确切地反映出儿童在发育进程中脑内各个区域所发生的变化。但是，这个进程比较缓慢。五岁前后，大概是大脑内部整理达到顶峰的时候，之后还有缓冲期。此时儿童已掌握了一些简单的语言表达能力。而在宝宝两岁或者一岁之前（因人而异），因为没有得到正常的发展，语言功能经历了一个由零到起始状态的渐进过程。所以，我们认为，关键期其实有一些类似不规则倒 V 形连续体，它的起止界限不突然，也不明显（图 1-3-1）。

关键期

图 1-3-1　发展关键期

根据当前研究发现，关于年龄因素在外语习得过程中作用的理解可总结如下：

①学习外语的起始年龄对习得过程没有重大影响，学习者无论在哪个年龄阶段开始学外语，都有取得成功的可能。

②学习外语起始年龄对习得速度和效率有较大影响。在早期阶段，儿童学习者比成人学习者学得更快。在学习初期，成年学习者比儿童学习者学得更快，尤其从语法上看，成人学习者可以很快掌握一些词汇，而且也能够使用这些词汇进行简单对话或书面交流。但是，他们最终可能被儿童学习者超越。在自然的学习环境下，这一现象发生的概率较大，但不会发生在正式的学习环境中。

③学习时间影响习得成功。学习时间与总体交际能力习得之间有着极其紧密的联系，但是，起始年龄对于所要达到的精密程度来说，则是一个决定性的因素，特别是从语音上看。

④只有儿童能在不正式场合学习时习得本族语水平的发音，不同学者对习得本族语水平发音的年龄界限有不同的观点，有人认为在青春期前，有人认为在5岁前。

⑤儿童学习者习得本族语水平的语法能力的年龄界限在15岁左右。

⑥如果不考虑是否能达到本族语者的水平，儿童较成年人更有可能在语音和语法上达到较高的水平。

2. 外语学习潜能

"潜能"（aptitude）也被称为"天赋"或"才能"，不仅指人先天具有的某种生理上的特殊功能，还指后天习得并表现出来对事物和社会有独特认识和理解的潜在智能。语言学家王宗炎先生认为，语言才能是指"语言学习的天赋能力，不包括智力、学习动机、兴趣等"[①]。语言潜能是学习外语必备的认知素质，也是固定不变的天资。这种先天禀赋表现在语言技能和思维能力上。的确有"外语学习潜能"一说，古今中外，天才式外语学习成功者并不鲜见。但是，关于外语学习潜能方面的研究，截至目前，还不够全面、深入。大部分心理学家都同意卡鲁尔（Carroll）的说法，即"才能无非是一个学习者掌握一定分量的材料所需要的时

---

① 王宗炎. 王宗炎英语教育自选集 [M]. 北京：外语教学与研究出版社，2007.

间"①。这就说明客观因素很重要。应用语言学家桂诗春认为,"也就是说只要有时间,几乎任何人都可以学会任何东西。才能低是可以补救的,一种办法是增加学习的时间,另一种办法则是降低所要求的学习水平。"②

卡洛尔建议学生要具备如下的学习能力:

①学生应该具备语音编码和解码能力,也就是有关输入处理方面的技能。

②学生应有归纳性语言学习的能力,它是有关语言材料的组织和操作。

③学生对于语法要有一定的敏感度,这是由语言材料推测出语言规则的技能。这种能力不意味着语言学习者对某些语法术语的真正理解,但它是学习语法或者组词造句时显示出来的潜在能力。因此,我们可以根据测试结果来分析和判断学生的语感情况。比如,以下的语言潜能测试题,让被试第二句里有和第一句里大写单词功能一样的单词:

He spoke VERY well of you(他对你说得很好。).

Suddenly the music became quite loud(音乐突然变得很响。).

  A B   C D

显然,答案应该是 C。

④学生要有某种程度的联想记忆能力,这是对新材料吸收和同化的问题。

每一个学生在语言潜能方面是有差别的。在进行英语阅读教学的过程当中,教师要了解学生的学习潜能的不同,根据不同学生的特点,因材施教,给予不同的学生不同的学习任务,使其发挥不同的优势,这样才能达到事半功倍的效果。应该说,英语教师要格外注意不要对学生说"你不是学习外语的材料"。

就目前国内外语学习者现状而言,如外语等涉外专业学生,由于他们今后的工作对听、说、读、写、译各方面都具有了很高的要求,需据此考察他们的语言学习潜能;如果为普通外语学习者,在教育学视野下,教师只要在总体上知道他们是哪一类学习潜能学习者,据此为教学法的设计和运用提供借鉴。

正是由于外语学习和母语学习有着截然不同的认知基础,在制定外语教学大纲、编写教材时,都要周密考虑这一新的认知基础,鼓励学习者更加充分地发挥

---

① 张慧芳. 英语阅读与教学研究 [M]. 长春:吉林人民出版社,2017.
② 桂诗春. 桂诗春学术研究文集 [M]. 上海:上海外语教育出版社,2017.

自己原有知识作用，利用已充分培养起来的分析、归纳等技能来学习外语。应该指出，学生母语词汇系统和新词汇系统存在着区别，这有利于发展学生文化差异敏感性。此外，就语言使用规则而言，应更重视交际能力文化因素的影响，让学生同步进行外语知识和外语交际能力的学习。

3. 智力

智力尽管难以确切界定，但是基本上是由观察、注意、记忆、思维、想象和联想的能力构成的。智力对人的发展具有重要作用。奥勒（Oller）和帕金斯（Perkins）指出，语言潜能与智力因素是平行的。但是，我们从母语习得的过程中发现，排除智力落后儿童（mentally retarded children），母语习得中智力不是决定因素，一般儿童都可以习得完整语法能力。因此，智力并不能决定外语学习的成功与否。如果说，奥勒与铂金斯之间的定论是成立的，那我们就能推断，在外语习得过程中，智力因素同样不是决定因素。

心理学家常用智商（Intelligence Quotient，简写为 IQ）表示人智力的高低。

$IQ = MA \div CA \times 100$

其中，MA（mental age）为智龄，用年龄量表测定；CA（Chronological Age）为实际年龄。西方教育学家将智力分为七级；140 以上为天才级，智商在 120~140 者为非常优秀级，110~120 为优秀级，90~110 为一般级，80~90 为愚笨级，70—80 为近似缺陷级，70 以下为低能级。

智力与一定的语言能力（如第二语言阅读能力、语法知识和词汇量不断扩大）有着很大的联系，但与其他一些语言能力（如听力和阅读能力）关系不大。因此，有人认为，在所有这些方面中，智力因素所起的作用在学习中不如非智力因素，智商高者未必一定取得好成绩。

对于智力因素在外语习得过程中发挥了多大作用，至今尚无定论。在我们看来，智力因素这一概念本身就很难定义。智力因素是由什么构成的，怎样发挥作用等，一直存在着争议。智力因素与年龄有一定的关系，既关系大脑发育和生长，还与环境因素相关，在语言习得过程中，其作用错综复杂。根据一些现有研究发现，学习者越年轻，智力因素作用越小；学习环境越正规，越要求学习者具有较强的分析综合的能力和较高的技术水平，智力因素作用越大，反之亦然。

探讨智力因素，对于英语教学有如下启示：

①不同智力程度的学习者若使用不同学习方法，或者针对他们使用不同的教学方法，学习效率可能更佳。

②以语言交际为主线的英语教学活动，对于智力一般学习者来说，效果更显著；重点放在语言形式分析与记忆上的英语教学活动，对智力比较强的学习者来说，也许更为有利。

（二）学生的语言学习策略

1. 元认知策略

元认知是对认知的认知，是一个人对自己的思维和学习活动的认知和监控。元认知能够帮助学生判断自己在学习过程中能够理解哪些内容，对于哪些内容是不明白的。元认知策略还能使学生对自己的认知过程进行计划和评价。例如，制订自己的学习计划。在计划的制订过程中，如果学生能够很好地运用元认知策略，就会从自己的实际情况出发，制定的目标更加符合自己的现状，也就可以更好地提高学习效果。在计划制订的过程中，如果学生没有很好地运用元认知策略，那么计划的制订和实施可能就会遇到困难。总之，元认知策略对学习者的思维过程的控制和监督具有重要作用。按照奥斯科特的分类法，元认知策略可以分为以下几类（图1-3-2）：

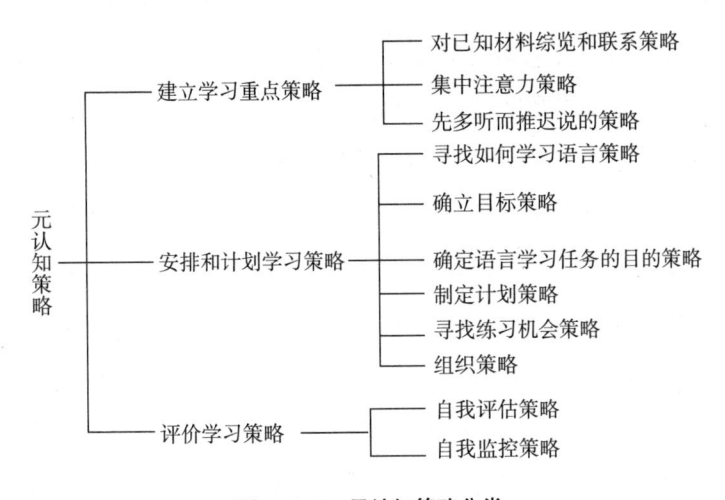

元认知策略
- 建立学习重点策略
  - 对已知材料综览和联系策略
  - 集中注意力策略
  - 先多听而推迟说的策略
- 安排和计划学习策略
  - 寻找如何学习语言策略
  - 确立目标策略
  - 确定语言学习任务的目的策略
  - 制定计划策略
  - 寻找练习机会策略
  - 组织策略
- 评价学习策略
  - 自我评估策略
  - 自我监控策略

图1-3-2 元认知策略分类

2. 认知策略

认知策略是对知识进行感知、加工、理解和记忆时使用的方法。人脑对信息的处理遵循一定的认知规律，感知、加工、记忆和提取是信息处理的主要步骤。认知策略是一种提高学生的信息处理效率的一种方法。认知策略对于英语基础知识和语言技能的获得都有重要影响。语音、词汇和语法等基础知识的获得需要首先对这些知识进行感知，然后对其进行加工，最后达到提取运用的程度。听、说、读、写等语言技能的形成必须要依赖于认知策略。技能的获得需要大量且有效的训练。在训练的同时，学生需要对要点进行记录，不断发现自己的错误并改正，这些都离不开认知策略。

3. 情感策略

情感策略是学生对自己的情绪、动机和态度等调节和控制的方法。情绪、动机和态度虽然不会直接影响学生的学习效率，但是，这些因素可以改变学生的学习积极性，进而影响学生的学习效率。情感策略可以有效帮助学生合理调整情感，使学生在遇到困难时能够选择积极的情感给自己鼓励，努力调节不良情绪，改善精神面貌，这样更加有利于改善学习效果。学生只有拥有比较积极的情感，才能在学习活动中将潜能更好地发挥出来，进而提高大学英语的教学效率。例如，建立学习英语的自信心，形成积极学习英语的心态，理解英语学习的重要性，擅长寻找英语学习的快乐，克服英语学习的羞怯、焦虑心理，在运用英语的过程中不惧失误，关注和调节学习英语时的心境，学会与别人交流、沟通，了解别人的感受，主动向其他同学提供帮助等，均属情感策略。

在外语交流中不要怕出错。学习英语毋庸置疑的是要掌握外语的适当形式。但是，这并不是说在外语学习的过程中，用外语沟通时不可以出错。其实，在学习外语时出错是很正常的。语言是一个复杂系统，有独特的结构和规律。在一个情况不太好的环境下学习外语，的确不是一件易事。在这一过程中，学习者犯错误是一个不可避免的现象。同时，一个外语学习者也是在不停地犯错、不停地纠错的过程中不断进取的。一个害怕出错的学习者最后往往不会说或不会写出好的外语，而不惧错误的学习者反而能够练得流利的外语口语，或者写得漂亮的外语文章。所以，在外语学习的过程中，尤其是对于外语的运用，外语学习者不应该害怕出错。

但是，在运用外语时不怕出错并不等于出错越多越好。究其根本，当学习外语时，学习应以适当的方式来表现。语言是人们交际最重要和最基本的工具。成功的外语学习者到最后不会出现满嘴错、满篇错的情况。所以，在某种情况下，例如，当注重表达准确时，教师和学生都不能模棱两可。学习者若认识到自己有过错，要及时改正。教师应适时地对学生进行纠错。

情感策略可分如下几种（图 1-3-3）：

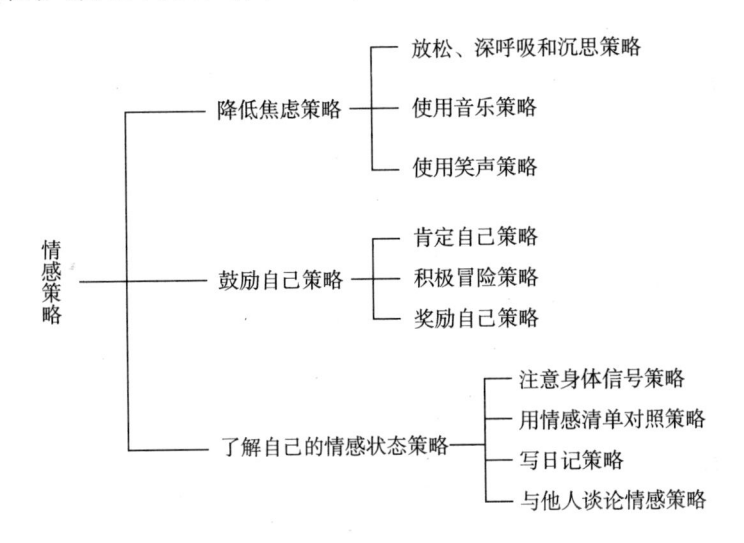

```
                          ┌─ 放松、深呼吸和沉思策略
          ┌─ 降低焦虑策略 ─┼─ 使用音乐策略
          │                └─ 使用笑声策略
          │
情感      │                 ┌─ 肯定自己策略
策略 ─────┼─ 鼓励自己策略 ──┼─ 积极冒险策略
          │                 └─ 奖励自己策略
          │
          │                           ┌─ 注意身体信号策略
          │                           ├─ 用情感清单对照策略
          └─ 了解自己的情感状态策略 ──┤
                                      ├─ 写日记策略
                                      └─ 与他人谈论情感策略
```

图 1-3-3　情感策略分类

4. 社会策略

所谓社会策略，是指学习者利用英语知识来调节自己与他人之间的关系，促使交际活动顺利进行。社会策略能促使学习者在交际过程中注意文化和习俗等方面的不同，并减少错误的语言知识对顺利交际产生的阻碍。这对大学英语阶段的学生而言至关重要。掌握社会策略可以有效提高学生在学习中对于西方文化等的接受度。例如，善于抓住运用外语的机会，利用手势、表情和语调的改变来增强交际效果，在交际时注重对交际习俗的遵循，在交际有困难时想办法不停止，主动和同学协作等均属广义交际策略。

如何使交际在困难时继续下去？根据伊莱恩·塔龙的（Elaine Tarone）的观点，学习者可利用转述（paraphrase）、借用（borrowing）、求助（asking for assistance）、手势语（gestures）、避免（avoidance）及其他方法。其中，最常用和有效的方法是使用转述策略克服困难。例如，在与人对话时，如果突然找不到确切的外语表达，就可以采用回避策略，试着采用自己熟知的表达方式。这就是一种语言学习策略。

社会策略可分如下几种（图1-3-4）：

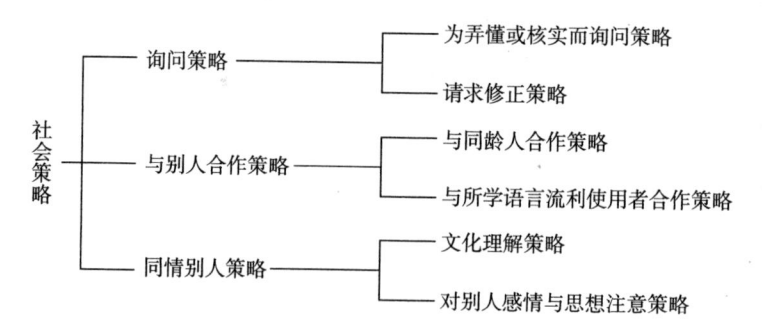

```
              ┌─询问策略──────┬─为弄懂或核实而询问策略
              │              └─请求修正策略
社            │
会─┼─与别人合作策略─┬─与同龄人合作策略
策            │              └─与所学语言流利使用者合作策略
略            │
              └─同情别人策略──┬─文化理解策略
                             └─对别人感情与思想注意策略
```

图1-3-4 社会策略分类

应用语言学家和外语教学法研究人员发现，有一部分外语学习者是成功的学习者，不管教师采用什么方法教学，他们都能把语言学好。研究人员使用口头访谈、填写调查表的方法了解这些学习者的学习方法，然后由学者们总结、归纳出这一部分学习者的特点。一般他们具有七个特征：

①他们是活跃且精确的猜测者。

②他们能够热情、主动地与别人交流。

③他们畅所欲言。

④他们重视语言结构。

⑤他们常常找机会进行交谈对话并练习语言的运用。

⑥他们对自己以及别人的话语都会进行监督。

⑦他们注重意义的呈现。

第二章　高校英语阅读教学的构成

　　本章为高校英语阅读教学的构成，主要介绍四个方面的内容，分别是高校英语阅读教学的目标和意义、高校英语阅读教学的原则、高校英语阅读教学的基本方法和模式、高校英语阅读教学存在的问题及对策。

第一节 高校英语阅读教学的目标和意义

一、高校英语阅读教学的目标

（一）高校英语阅读教学目标的内容

1. 技能目标

站在学习阅读的角度考虑，阅读教学应以发展阅读技能（skill of reading）为主要目的，应引导启发学生获得自动解码、理解大意的能力，从特定细节中提炼信息的能力，推理判断能力，了解作者的意图、观点、猜测词义的能力，了解各种文体文本的能力，以及对文学作品的鉴赏能力，等等。

2. 知识学习目标

在阅读学习视野下，阅读作为一种学习方式，是学生接受知识的有效途径。尽管阅读教学以培养学生的阅读技能为前提，但也一定要重视对知识的把握，内容涉及专业知识、学科知识和世界知识等。

3. 图式建构目标

阅读过程是图式不断构建的过程，学生阅读不同文本，这些不同文本逐渐完善学生的阅读图式结构。学生在小学阶段可以读懂简单指令、交通标识、简单贺卡信息，或者配图小故事，这时应用文在学生脑海中尚未形成图式。在应用文阅读不断发展的今天，学生应逐步形成应用文结构图式，快速处理阅读任务。但是，学生可能还没有说明文、议论文图式的能力。通过阅读含有新结构图式的文本，他们能够在脑海中构建新图式。阅读教学必须厘清图式建构的任务。

4. 自主学习目标

发展学生的自主学习能力是教育的最终目的之一，也是阅读教学目的之一。学业有成的学生能够利用在校期间所学到的阅读技能来完成他们在工作上的各项任务，并与他人沟通，帮助他人，自娱自乐，获得各种各样的生活信息。要发展学生的自主能力，就必须在阅读教学目标中纳入策略。

5. 综合素养目标

语言是一种文化载体，文本传递的不仅仅是信息、观点、态度和感情，也传播着文化。文本传递是人类文化繁衍的必要方式。阅读对个体发展具有重要作用。阅读能够提升读者的综合素养，塑造社会价值导向，构建民族核心价值。在阅读过程中，读者不仅要注重知识积累，还要注意人文熏陶和道德提升。就学校教育而言，阅读教学必须肩负起发展学生综合素养的使命。阅读教学要注重引导学生从不同角度去解读作品，让他们感受作品的思想内涵和艺术魅力。阅读教学不应仅仅注重语言、结构，也不能仅仅是获取作品中的信息、观点，更应该注重作品蕴含的感情、文化和价值观。

（二）高校英语阅读教学目标的认知层次

1. 知识层次目标

阅读教学知识目标的"知识"包括两层意思，一是"知识"内容层面，二是"知识"认知需求层面。在内容层面上，阅读中的知识是指信息知识、语法知识、词汇知识、策略知识、情感态度知识和文化知识等。所谓信息知识，主要是指阅读文本所含事实信息，故事里的人物、事件、时间、地点，描述的人物和场所特点，说明的具体事例和证据等。语法知识是阅读文本蕴含的句法结构、时态、语态、从句、非谓语动词等。词汇知识是指阅读文本中涉及的词汇和习语表达等知识。"策略知识主要是阅读策略，如大意阅读策略、词义猜测策略、推理策略等。内容层面的知识同样包含情感态度和文化知识，即文本中所介绍的情感态度和文化知识。"[1]

基于认知要求，阅读的知识层次目标是学习者所能识别、确定并转述文中事件、时间、位置等能被识别的事实信息，鉴别并转述文中所蕴含的情感态度，文化知识等。知道了解有关知识，不等同于清楚理解，转述也可以仅仅是人云亦云。在阅读过程中，读者对阅读文本的理解往往不是一次完成的。

2. 领会层次目标

阅读教学的根本目的在于领会。提起"领会"，有的人可能会以为是"理解"。

---

[1] 王笃勤. 英语阅读教学 [M]. 北京：外语教学与研究出版社，2012.

但是，领会层次的"理解"并不等同于知识层次的"理解"。

"理解"在知识层次上可表现为鹦鹉学舌般的再认和转述，在某种程度上反映了读者对文章的总体把握程度，但与领会层次上的"理解"有所不同。"领会"需要读者能"转化"和"解释"阅读信息，能基于文本信息进行"推理判断"。

3. 运用层次目标

学习语言是为了应用，也就是用知识、技能和策略来表达想法，解决问题并完成工作。换言之，阅读理解运用能力有四个层面，一是运用阅读材料；二是应用阅读技能；三是运用阅读策略；四是将文化知识具体运用于跨文化交际，形成交际能力。

"运用"是指在新语境中运用已学过的知识和策略，在新语境下说明现象、表达思想、破解新难题、完成各项新工作。它是一种重要的语言技能，也是人们交际的必备技能之一。学习者在阅读文本时，要能够根据语境来准确推测作者意图和文章主题，在阅读同类新篇时，要能用所学的方法对作者写作意图及文章主题进行评判，这便表明这个学习者有策略运用的能力。

4. 分析层次目标

"领会"重在把握阅读材料的内涵和含义，"运用"重在于具体情境或素材中使用知识、信息和策略，而"分析"的重点是将素材分解为多个部分，明确每一部分的相互关系和构成方式。"分析"具体可体现在对未经解释的假设进行鉴别的能力上，包括对事实陈述和观点陈述进行辨析的能力，对结论和证据进行辨别的能力，领会段落内各观点间关系的能力，辨别句与句关系的能力，确定论断对细节支持的能力，在诸多关系中确定因果关系的能力，鉴别论证时逻辑错误等方面的能力，能对文本进行结构分析、段落逻辑等，这些都是分析能力最典型的体现。

有些教材中设计了分析文章结构、划分段落等方面的活动，所体现的就是阅读教学中的分析目标。当然，分析的内容远不止这些，这就给教学设计提出了更高的要求。

5. 综合层次目标

所谓"综合"，是指把各种元素、各个部分结合在一起，使之成为一个整体。

将各种意见和讨论进行严密的整理，将调查结果结合成问题解决的某一项有效规划或计划，按照特定的描述设计行动方案，在分析其所含各因素的基础上，阐明恰当的假定，以及依据种种新因素考虑修正假设等，均为综合能力表现。

6. 评价层次目标

所谓"评价"，是指为一定的目的而进行的对于理念、著作、回应、途径和材料等价值进行评判，包括以规范和标准对这些工程进行精确、高效、满意度及其他方面的调研。"评价"是关于知识、理解、应用、分析和综合等层次上的一定结合，同时，还有含有价值的规范。

7. 元认知层次目标

阅读中的"元认知"，是指能对阅读进行规划，可以针对特定阅读任务选择合适的阅读方式或者策略，可以对阅读进行评估，并且针对其缺点加以弥补，调节策略运用。这就要求学生必须了解自己在阅读方面的优势与劣势，必须掌握各种策略和技能，必须了解阅读任务的要求。我们把这些称为"元认知知识"，而学生计划、监控、调节和评价自己的阅读行为，以及资源利用等属于元认知操作。元认知的发展是一个漫长的过程，贯穿学生求学阶段，而不是一两次课、一两个学期，或者在初中、高中就可以达到的目标。

二、高校英语阅读教学的意义

（一）强化语感，提高学生的口语能力和写作能力

众所周知，语感应该是心理学上所说的理智感中的一种感情。人既有属性的感觉又有特殊的关系感觉和情感。在这些理智感的基础上，人可以对各种联系与关系有一种直觉的理解。当人与人之间的联系与关系尚未被认识时，人们对直觉的理解只能停留在感性上。语感是一种语言感性反应的认识。语言作为一种交际手段，是一个复杂的系统，运用语言时的语感，同样必然是一种结构复杂的语言，可以在三个大的领域中体现。首先，它体现了词所象征客体间的相互联系和关系；其次，它是体现语言特征（它是指语音、词汇、语法和修辞的语言特点）之间的联系和关系；最后，它体现了两个不同语言体系的衔接和相互关系。当人们真正

掌握了语言之后，这一切的语言联系与关系都已经被直接经历，但是，人们并没有认识到，语言联系与关系的这些感性反映形式都组成了一个庞大的复杂感性复合体——语感。这种语感可以使人不需要认识语言中的特征，就能真正地驾驭语言。为了使学生高频率接触除课本以外的英语材料，教师通常会引进各种英语报纸、杂志或书籍等，为学生提供拓展阅读材料，并在英语阅读教学的过程中，不断强化阅读输入。随着时间的推移，学生在教师的引导下会逐步养成坚持阅读的习惯。阅读的输入不仅有利于培养学生的语感，也在潜移默化中提高了学生的其他技能。此外，通过英语短文的阅读，学生能够接触到更多地道的英语表达方式，这样不仅使他们原有的语言知识得到巩固，也有助于他们不断地积累语言新知，毫无疑问，这对于他们阅读能力的培养、写作能力的提升均大有裨益。

（二）接触外来文化，开阔学生视野

语言是一种文化载体。要学好一门语言，学习者对该国的本土风情和民俗文化一定要有更多的了解，英语课堂成为学生认识英、美等国家风俗习惯的平台。在这些丰富多彩的生活场景和日常故事滋养下，学生的阅读水平也就得到了极大提高。英语作为一种交流工具，其作用不言而喻。学生在阅读的同时增加了对外国文化的认识，何乐而不为？教师应积极引导学生进行有效阅读，培养他们形成良好的自主学习意识。教师要加强对于背景知识的讲解，使学生经常接触外来的新鲜文化，这样能够有效帮助学生增强阅读的信心，减少失分概率。也就是说，英语阅读材料涉及的许多英语国家的习俗、习惯，还有各种生活场景、日常故事等，对于拓展学生的语言文化知识是一种优势。在外语的学习上，最终目标不是精通语法、句式与基础的语言技能，消化与吸收一种文化的思想内涵才是学习外语的理想境界。英语阅读教学有助于学生语言知识的巩固和积累，同时也能让学生了解英语国家历史、文化和政治等方面的知识，从而持续提高学生的语言素养。

（三）引导学生形成积极乐观的生活态度

部分外语学习者可能会产生焦虑现象。焦虑作为一种复杂的心理体验和情感变化现象，是指在目前或预期会对自尊心构成潜在威胁的情况下，做出的一种担忧反应倾向。它是影响学生学习成绩和身心健康的重要因素之一。如果学生面临着无法实现目标或者无法克服阻碍的危险,导致其自尊心和自信心的受挫,或者导致其失败感或内疚感的加重,就会产生一种紧张的情绪状态。这种焦虑情绪严重影响着外语学习者的学习和生活。多年来,一些人学习外语遇到了各种挫折。他们花费了时间和精力,但其听、说、读、写技能不仅没能得到实质性提升,反而形成了不少心理阴影,其学习兴趣和热情也随之下降。"听说不通,翻译不像,写作不爽"是无数学习者的真实写照。一些学生的听说基础较为薄弱,相应的信心和成就感也比较低,学习热情不高。在传统英语教学的冲击下,学生接触书面文字的机会较多,基础比较强,对语言内容的接受程度较高。他们往往喜欢利用听故事、看电影等形式丰富的活动来获取知识信息。尽管阅读难以在教室里长时间地练习,但是,如果教师能够督促学生定时阅读,引导学生获得阅读策略和技巧,使之坚持不懈地阅读难度合适的各类资料,那么学生很可能会对英语学习产生兴趣,渐渐找回信心,从而治愈英语学习中由挫折所带来的焦虑感,这样就会极大地改善英语学习者的心理环境。

另外,教师要选择带有时效性、充满正能量的英语阅读素材,这样才有利于让学生逐渐建立正确的世界观、人生观和价值观,引导学生养成积极、乐观、健康的人生态度和学习态度。阅读材料富有趣味性、创新性和时代性,能帮助学生缓解学习压力,把学习压力转化成积极进取的动力。总而言之,通过阅读具有教育意义的英语阅读材料,学生将逐渐养成良好的情感态度,形成乐观积极的人生观和价值观,并不断增强对英语学习的兴趣。

第二节 高校英语阅读教学的原则

一、激发兴趣原则

无论是何种学习,抓住学生的学习兴趣才能得到最好的学习效果。这是因为兴趣是最好的老师,可以激发一个人对事物的热情,可以调动一个人的积极性。学生对阅读是否有浓厚的兴趣是教学成败的关键,如果学生对阅读产生了兴趣,便会积极主动地投入阅读中,则学习效果往往就比较好。所以,教师要注意教学内容的适当变换和教学形式以及手段的多样化，尽量避免教学活动的枯燥乏味，使阅读教学经常保持新鲜感，使学生学会阅读，乐于阅读，变被动阅读为主动阅读。

二、因材施教原则

"传统的大规模、统一化、标准化的教学模式在过去很多年其实发挥了相当重要的作用，一方面它承载了'快速扫盲'的教育工作，另一方面极大地促进了教育资源的快速流动。"[1] 如今，为了保证每个学生都能得到更好的发展，因材施教这一理念重新得到重视。

每个学生都有独特的个性，学生与学生不可避免地存在一些差异。尤其是大学生，他们已经学习了多年英语，因此在阅读习惯、阅读方法等方面大都形成了习惯。所以，在阅读教学过程中，教师一定要因材施教，根据学生的基础水平、已有的阅读习惯等特点，对不同的学生采取不同的教学方法，确保每个学生的阅读热情都能够得以维持，也使每个学生的阅读技能都能够得到发展。例如，有的学生的英语基础比较好，阅读水平也比较高，基本的阅读要求已经无法满足他们的阅读欲望，教师就可以给他们布置一些具有挑战性的阅读任务，适当向他们推荐一些英语名著等。而有的学生会因英语成绩较差而失去阅读信心，甚至自暴自弃，教师就应当在教学过程中不时鼓励和表扬他们，重树他们的自信心，同时给他们布置一些难度较小的阅读任务，然后逐步增加难度，帮助他们不断进步。

总之，教师应根据不同学生的特点采用不同的教学方法和手段，并有意识地向他们提出不同的要求，做到因材施教。

三、速度调节原则

阅读速度和理解能力因人而异。既有阅读速度快、理解能力强的学生，也有阅读速度慢、理解能力差的学生。换句话说，阅读速度的快慢不一定等于理解能力的好坏。

---

[1] 李凤红，隋丹婷，李芹. 基于因材施教原则下大学英语分层教学模式分析 [J]. 现代英语，2022（17）：9-12.

在训练阶段，教师应加强一般阅读技能的训练和语言的基础知识的讲解，适当控制学生的阅读速度。教师应根据教学的进程设置不同的阅读速度，在最初进行阅读教学时，可以适当放缓阅读速度，侧重对阅读材料进行有效的讲解。

当学生词汇量变大，语义、句法知识增加，语感增强和阅读技能提高以后，其阅读速度自然会随之增强。在这个阶段，教师就可以进行相应的限时训练，加强训练的强度，进而完成阅读教学的目标。

速度调节原则的出发点就是教师在阅读教学过程中做到张弛有度，根据不同阶段的教学目标做相应的调整。教师切忌一味地追求提高速度，而忽略了学生的理解程度。

四、选择合适的阅读材料原则

（一）难度适中原则

这项原则需要教师对阅读材料进行筛选，保证阅读材料难度适中。如果阅读材料难度太大，那么学生因看不懂就容易产生受挫感，受挫感可以郁结成灰心、失望，最终使学生丧失英语阅读的兴趣，甚至不相信自己。如果阅读材料过于简单，那么学生可能会认为没有挑战性，感觉无聊，对于教师安排的阅读活动也会越来越不予重视，逐渐失去阅读兴趣。所以，英语阅读教学材料的难度不应太大，也不要过于简单，难度中等为佳。

（二）多样性原则

多样性原则需要教师在对阅读材料进行筛选时考虑材料的内容和体裁的丰富性。教师要挑选内容丰富、文体多样的文章满足学生的各种阅读需求，从而为学生提供一个内容与文体丰富多样的阅读机会，了解各文体特点，对专业知识和背景有进一步的认识。

（三）内容适用原则

内容适用原则是要使英语阅读材料内容符合学生兴趣，满足学生需求。只有在阅读材料内容为大多数学生所关注、喜爱、感兴趣时，学生才会想要阅读、喜欢阅读，也才会更加认真地去读。同时，教师在选择阅读材料时，还要尽可能地选择与时事联系比较紧密的材料，这样学生可以通过阅读了解国内外热点以及各个方面对这件事情的看法和观点。

五、真实性原则

阅读教学的真实性包括阅读材料的真实性和阅读目的的真实性。

（一）选择真实的阅读材料

选择真实材料，即所选取的材料一定要有明确的出处，还要有可靠的事实来源。与此同时，阅读材料选取应兼顾学生日常生活交际需求，选取现实生活文体多样、与学生语言水平相适应、学生喜爱的读物。

（二）保证阅读目的的真实性

阅读活动有其特定的目标，但无论目标是什么，都必须建立在真实性的基础之上。人们的阅读需求不同，可以是获取信息，可以是对原有知识的印证，也可以是对作家的构思或文风进行批判，还可以是纯粹的自娱自乐、消磨时光。只有阅读目的真实了，才可以选择正确的阅读方式进行阅读，只有这样，读者才能获取自己想要的信息。

六、循序渐进原则

学生阅读水平的提高不是一朝一夕的事情，阅读教学目标的完成也不可能一蹴而就，而是一个循序渐进的过程，需要一个合理的总体设计和长远规划。

在材料选择、任务确定、阅读方法和阅读教学的反馈等诸方面，教师都要提前做出全面、细致的考虑，并鼓励学生寻找适合自己的阅读方法，积极引导学生采用适合自己的阅读方法扎扎实实地学习，最终完成阅读任务，提高阅读水平。

第三节　高校英语阅读教学的基本方法和模式

一、高校英语阅读教学的基本方法

（一）SQ3R

20世纪六七十年代，在美国高等院校中，SQ3R阅读法广泛流行。该方法由美国教育学家弗朗西斯·罗宾逊（Francis Robinson）于1946年首次系统提出，使用效果很好，对外语阅读技巧的培养有很好的启发作用。SQ3R包括五个方面的内容，即S（Survey，浏览），Q（Questions，提问），R1（Read，阅读），R2（Recite，背诵），R3（Review，复习）。具体而言，第一步"浏览"的意思是预读，为阅读做好充分的准备。学生可以根据书名、目录、序言、索引和标题等对书的内容进行大致的了解和判断，确定信息的重点和价值等，如果是阅读一篇文章，那么学生可以根据文章题目、每一段的开头和结尾甚至插图等对阅读材料有一个初步印象。第二步"提问"的意思是学生可以根据概览得到的信息，就文章内容提出一些问题，从自己的角度对材料的立意和结构等方面预先提出自己感兴趣的问题，这样可以实现带着目的和问题进行阅读。第三步是进行实际的"阅读"，在阅读过程中，学生要充分利用已有知识，带着问题去寻找线索，提取信息，对文章大意、重要的细节信息、作者的观点、主要结论等实现全面把握。第四步"背诵"并不是指死记硬背，而是对所读内容进行理解和回顾，根据记忆，对所读材料进行重新组织。学生可以把阅读的主要内容和重要细节梳理一遍，用自己的话复述出来，达到学习和记忆的目的。第五步"复习"是指根据长期记忆和短期记忆的规律，经常对读过的材料进行复习，既可以再读一篇文章、熟悉内容，也可以加深对内容的理解，还可以查漏补缺。

SQ3R阅读法是在"自上而下阅读模式"的基础上产生的，阅读时，读者经过概览、提出问题两部分，全面运用自身原有知识，预测阅读内容，再在阅读、背诵和复习时对于文本的词汇和语法进行猜测和理解。这种方法适合读者的阅读心理和习惯，有助于提高阅读效率。

（二）PWP

阅读教学中使用最多的是 PWP 方法，也就是教师把阅读划分为读前（Pre-reading）、读中（While-reading）和读后（Post-reading）教学三阶段。读前导入阶段作为一个重要且必不可少的环节，不仅能够使学生提前感受要进行什么阅读，还能激发学生学习阅读的积极性和主动性。教师在阅读前阶段设计活动主要是为了调动学生的原有知识，让学生对即将开始的阅读产生期待，还可用于预测阅读内容。读前阶段又称为导入阶段，在这一阶段，学生在语言、内容和心理方面为即将阅读的内容做铺垫，同时对阅读内容产生期待和兴趣。预测和启动原有知识和速读等为阅读前的常见活动。

教师在读中阶段设计活动主要是为了帮助学生了解所读内容以及加工处理所得信息。以往教师对阅读文章的主要处理手段是利用阅读理解问答题、选择题、判断对错题、翻译和释义等手段来考查学生是否已读懂所读内容。教师采用这些方法固然能知道学生对文章理解的对错，但检测的是阅读结果，无法帮助学生有效提高理解能力。PWP 方法强调在阅读过程中对学生进行必要引导，使学生高效地提炼信息和加工信息。研究显示，在读者能够将文字信息转化为另一类信息的情况下，如图表信息，说明这些资料可以被有效地吸收和消化。这一转化称为信息转换机制，其作用于阅读教学的过程如图 2-3-1 所示。

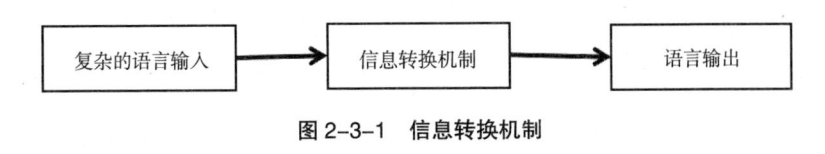

复杂的语言输入 → 信息转换机制 → 语言输出

图 2-3-1　信息转换机制

信息转换机制可以包括以下形式：图片、饼图、柱状图、地图、流程图、表格、排序、树状图、总结小标题、循环图、记笔记和画画等。

教师在采用信息转换机制的时候要注意选择最能抓住文章主要信息的形式。信息转换机制的目的是：一是关注文章大意；二是简化信息，提纲挈领；三是学生边读边完成，在阅读过程中高度集中精力；四是在信息转换完成后，能够成为口头或笔头输出的基础。

在读后阶段，教师进行活动设计的主要目的就是使学生能把阅读的知识与他们所知道的知识或者学生情感建立关联，并以此为基础，用学习到的语言、内容来论述观点，或者抒发感情。以往教师常常会让学生回答一些阅读理解问题或者解释句子，甚至一句一句地翻译课文。这些活动不足以给学生提供足够的机会来使用他们在阅读中学到的语言。读后阶段活动的设计对于教师来说是一个艰巨挑战，要求教师精心设计高效活动，不仅要与学生学到的知识发生关联，还要符合学生语言水平。

PWP 阅读教学法与"交互式阅读模式"比较契合，也就是要全面发挥学生的经验，使学生利用原有的知识经验对课题进行理解，在阅读时持续与文本进行互动，同时调动读者的交流，之后整理并研究重要语言现象。这种教学方法已在阅读教学中推广应用。

（三）阅读圈

阅读圈（Reading Circles）包括学生自由阅读、自由讨论和分享等阅读活动，主要做法如下：在阅读课上，学生被分为4~6人的小组，按照要求，小组成员挑选故事进行阅读；在阅读时，每位成员扮演一个角色，完成某项任务，有针对性地阅读并执行任务。读后的讨论是否有效取决于小组成员前期的准备是否充分。美国早在20世纪90年代就开始采用与阅读圈类似的活动，即文学圈（Literature Circles），主要用于文学作品的阅读与分享。这一方法经过教师在母语教学中多年的实践，得到普遍认可。最近几年，来自亚洲的一些研究结果表明，该方法在大学外语教学中也能成功激发学生的学习兴趣，从而获得非常好的教学效果。

阅读圈活动旨在支持阅读和独立思考，由个人阅读和思考，以及小组讨论分享等方式构成。在阅读圈中，它的组成成员有阅读组长（discussion leader）、负责总结概括的成员（summarizer）、负责联想的成员（connector）、负责寻找重点词汇的成员（word master）、负责语篇信息提炼的成员（passage person）、负责学习文化的成员（culture collector）。小组长需要对整个研讨工作进行安排，提前准备好问题以便共同探讨。负责总结概括的成员须将阅读文章整理归纳，与小组成员共享。负责联想的成员要回想周围有没有故事里相似的情境，在生活中有没有类似于故事中的角色，有没有故事里人物的感悟等，使阅读与生活经验建立起联系。负责查找重点词汇的成员要摘录文中好词好句，以便研究讨论。负责语篇信息提炼任务的成员要从故事中提炼有意义的信息，与大家分享。负责学习文化的成员要在文中发现与自身文化相同或者相似的内容。在小组六个角色依次汇报、分享与讨论的基础上，学生能够高效地处理阅读的信息，进行思维碰撞并深入学习等。阅读圈活动使学生能在阅读过程中培养不一样的技能，这些人物每读一遍新作就可替换一次，学生能锻炼出不一样的本领，也能获得不同视角的阅读机会。比如，某个学生这次是小组长，那么他学会的能力是如何提问并促使大家思考，下次他可以是负责找重点词汇的成员，他需要挑出对故事理解或意义最重要的词汇，锻炼的是挑选关键词的能力。阅读圈旨在让学生学会阅读—思考—联系自身—提问—分享，即在阅读完成后进行思考分析，联系实际生活提出问题。阅读圈通过小组分工合作，能够使学生独立地对阅读内容进行深度讨论。

此外，根据教学目标的不同，教师还可以对阅读圈的成果进行充分利用，例如，要想培养学生的提问能力，就可以重点分析小组长所提出的问题；要想在这节课帮助学生记忆相关词汇，就可以对负责找词汇的学生所挑出的重点词句进行重点学习等；如果本课重点是抓主题，就可以重点讨论负责概括的学生写的阅读总结；如果本课语篇文化特色明显，那么，学生可以就负责文化研究的学生所找到的文化相关内容展开讨论。而学生在这些活动中，通过对不同角色的讨论，能够得到不同能力的提高。

采用阅读圈活动时，选材料是最关键的环节。在开始阶段，教师可以为学生挑选一些阅读材料，一旦他们熟悉了这种阅读方式，教师就可以将这个任务交给他们，因为选书的过程也是思考和合作交流的过程。阅读圈活动的成功与否取决于教师是否做到以下几点：

①阅读材料由学生选定，每个小组所读的阅读材料应该是不同的。

②学生根据自己喜欢的阅读材料内容临时组成小组。这种小组不是固定的，换一批阅读材料，小组就可能重新组合。

③教师应该定期组织阅读圈小组的讨论。

④学生在阅读和讨论过程中都应该做笔记，特别是在讨论前自己阅读时要做好充分准备。在讨论时，学生要畅所欲言并积极参与。

⑤小组讨论的问题和内容由学生决定，教师只是辅助者，而不是干预者。

以上是教师在母语教学中需要注意的。在外语教学中使用阅读圈活动，教师可以对该活动进行一定的调整，比如，为了保证阅读材料的语言水平适合学生，教师可以负责选择阅读材料，但是应该给学生机会来决定所读题材和体裁等，以保护他们的阅读兴趣。当学生对阅读圈活动不再陌生时，教师最终还是要放手，鼓励学生选择阅读材料。此外，教师有时也可以尝试根据学生的语言水平进行分组，以保证小组成员的阅读理解处于比较相似的水平，从而使得讨论更加有效，参与度更大。教师还可以发挥创造性，对六个角色进行改造，根据所读材料的特点给学生指定新的角色。总之，阅读圈鼓励学生学会提问、思考，还要学会抓住学习重点、交流心得等，这是阅读教学中很重要的教学方式。

（四）基于语篇分析的阅读教学方法

这种教学模式是基于阅读内容的，教师引导学生对所读内容进行分析和讨论有不同的切入点，如果仅仅侧重对词汇、语法知识进行分析，可能会让学生只见树木不见森林，缺乏语篇意识。而如果仅仅让学生讨论所读内容的大意，就容易显得过于宏观，脱离语言结构和语言的具体形式所蕴含的意义，让学生找不到分析的依据和方法，从而使学生无法形成分析能力，无法提升阅读理解水平。近几年，不少学者提倡将语篇分析应用于英语阅读教学之中，语篇分析给学生提供了一种可以参照的具体方法。

语篇是"由一系列连续的语段或句子构成的语言整体"，这些语段或者句子在语义上是连贯的，代表一个整体意思。分析一篇语篇，在语音、词汇、语法、语义等多方面都可以进行，但是，从实践的角度来分析，并不需要求全面，但必须依据语篇特点，从最为突出、最具代表性的角度出发，展开全面深刻的剖析。从整体上说，语篇分析应从语篇的结构入手，系统、科学地研究语言材料，理解其含义，分析它的结构模式，对它的语言手段和语言的形式特点进行评价等。其基本单元是语篇，学生应从整体上解码文章，围绕整个语篇内容讲解词句，对人物性格及事件缘由进行剖析，概括中心思想，掌握写作技巧，同时，也关注了文章中所涉及的文化背景知识及其他有关知识。语篇分析在国外已成为语言学中一个独立分支学科，并受到越来越多语言学家的关注。综观我国学者的研究成果，语篇分析基本上可分为宏观分析和微观分析。

1. 宏观分析

宏观分析是指为了抓住文章的要旨，在整体结构上对阅读材料进行分析。语篇在内容、题材和文体等方面的差异所表现出的语篇结构各不相同，如语篇的三模式：整体—分述型、对照—匹配型和问题—解决型。尽管构造多样，但是并非完全无章可循，教师可培养学生发现各种语篇体裁规律的能力，引导学生抓住行文构思的独特性，使学生能够更精确地剖析文章水平、厘清内在逻辑关系、确定作者使用的语篇策略（如举例和对比等），对具体语篇中的主题、意义和作者写作意图等有更精确的了解。

2. 微观分析

微观分析则以深入、细致地分析文本为主，强调词义和语句的关系，以及句群连贯性和句间衔接手段，等等。这种分析需要学生跳出词义和语法的界限，把文章视为一个整体，围绕语篇整体含义进行有针对性的分析、推理和概括，概括文章的句间、段间逻辑关系等，抓住文章中心思想。衔接的手段有以下四类：照应、省略与替代、连接、词汇黏合。在对语篇进行微观分析时可以从这四个方面去进行。

①照应其实是指代关系，比如，人称代词和指示代词都可以形成照应关系，还有文章前后的比较照应关系。对照应关系的分析可以使篇章中出现的人物和事物的关系更为清楚，照应关系在叙述体语篇中更为明显。

②省略与替代是为了避免重复、使语篇紧凑的一种手段，这一关系在对话体语篇中更为常用。

③连接是一种连句手段，可以通过使用添加、转折、因果和时间等的关联词实现，通常在描写体、论证体和说明体语篇中较为常见。

④词汇黏合主要是指通过词汇重复、同义词、反义词、上义词和下义词等词汇的使用实现语篇内的语义衔接，多见于说明体和科学体的语篇。教师可以指导学生通过对语篇的衔接与连贯进行深入分析，厘清语篇各个部分的中心内容和表达方式，从而更加充分地理解阅读内容。

近年来，在语篇分析的范畴，还出现了多模态语篇分析这个概念。学者们认为，非语言模态（如图像、颜色、声音等）在社会交流中具备同样的功能价值，它们直接参与意义的建构，因此应该得到重视。现代书面语篇的多模态资源种类繁多，教师需要通过阅读教学，对学生进行多模态识读训练。多模态识读能力则是对多种多模态话语进行识读的一种能力，称为书面语篇多模态资源，除语言文字外，主要由下列非语言成分构成：

①印刷体式，具体指版面设计、间隔、缩进和字体等，这些内容都能够向读者表明语篇的组织方式，对语篇的理解有一定的帮助。

②图表，是语篇中的重要组成部分，对文字表述是一种补充，常常对解释语篇具有很大的帮助，能让语篇意义一目了然。

③图像，语篇中的图像意义举足轻重。图像与文字结合起来看，会让语篇的意义更加丰满。

④体裁，不同的体裁有自己的特征，这些特征会帮助语篇更好地诠释其意义。

这些关于多模态的解释给教师的阅读教学提供了新的思路，也就是说，教师在阅读教学中应不仅仅局限于文本，还要对非文本资源进行挖掘，培养学生对这些资源的识读能力，提升学生对语篇进行批判性阅读的能力。

以对下面这首诗的分析为例，展示语篇分析的魅力及其对阅读理解的作用。如果我们把这首诗连起来读，就能发现这首诗的字面意义可能是：一对中年夫妇打网球，当运动结束后他们回到家中，球网还隔在他们之间。但即便是结束了比赛，回到家中，他们之间依然有隔膜。

<pre>
          40–Love
  middle   aged
  couple   playing
  ten-   nis
  when   the
  game   ends
  and   they
  go   home
  the   net
  will   still
  be   be-
  tween   them
</pre>

如果我们从语篇分析的角度来细细品味这首诗，可以读出更为细腻的味道和作者写作的精妙之处。从语音层面来看，这首诗的单词中有不少爆破音。而且，不光这些音常常在同一行的两栏中都出现，两栏中还会出现相同音，比如：

mi*dd*le	age*d*
cou*p*le	*p*laying
te*n*	*n*is
when	the
game	ends
and	they
g*o*	h*o*me
the	net
wi*ll*	sti*ll*
be	*be*
tween	them

首先，在朗读这首诗时，这些爆破音和相同声音（斜体部分）在同一行的两次出现会使读者联想到球场上的比赛，仿佛听到网球碰到球拍和地面时发出的声音。诗人可能想表达网球场上的两人互不相让，正如他们在婚姻中的表现。其次，从词的层面来看，作者采用拆分单词的方式，基本使得诗的两栏音节对称，似乎也在表示两人势均力敌。再次，从结构层面来看，作者将诗排成两栏，以图示诗，给读者造成网球场的视觉现象，两栏的对称和均衡表示了比赛的双方（夫妻）实力相当，不相上下，也暗示着两人互不依赖、互不谦让，两栏之间的空隙代表着存在于他们之间的外在的和内在的隔阂，表示他们在感情上出现了裂缝。最后，从诗的标题来看，也很耐人寻味。love 这个词在网球比赛中表示 0 分的意思，也就是说，从网球比赛的角度来看，一方得 40 分，另一方得 0 分，这一差距是悬殊的，这就与下面作者利用左右两栏表现出来的对称和均衡相矛盾。从比赛的角度来看，如果得了 40 分的一方再得一球就胜了，那么这场比赛就结束了，这似乎也意味着两人的婚姻走到了尽头。那么，假如我们把 40 看作结婚的年头，表示两人已经是中年了，婚姻也持续了很长时间，但他们之间的 love（爱情）为 0，

因为他们之间有一道鸿沟和隔膜，因而没有沟通，只有拉锯战，即便他们在一起生活很多年，但依然是失败者。

以上是从语音、词汇、结构和标题等方面对这首诗进行的深入细致的语篇分析。其中，对诗的编排的分析也应该可以算是多模态语篇分析的一种，这样的分析使读者不仅仅只是主观上觉得这首诗写得好，还知道它为什么好，诗人用了哪些手段实现了这一目的。显然，如果教师能够引导学生关注和了解语篇分析的方法，那么学生就能通过语篇分析帮助自己更好地理解阅读内容，获得更好的阅读效果。

二、高校英语阅读教学的基本模式

（一）基于阅读策略的教学模式

顾名思义，基于阅读策略的教学注重阅读策略的训练，教师会教给学生如何根据所读文章选择恰当的阅读策略帮助理解，如预测、提问、推断、总结和记笔记等。之所以要从策略训练入手也是源于人们对思维的认识。学者们认为，人们面对问题时，会通过确定目标、监控过程和分析证据等策略推理出解决问题的办法。这种推理过程也适用于阅读，学生首先要理解阅读的目的，其次要知道如何利用阅读内容所提供的信息去分析所读内容并实现阅读的目的。学生对于阅读策略在阅读过程中的重要价值、意义和作用要能够有所了解，才能在自主阅读时主动采用，从而提升阅读理解水平。因此，教师需要教会学生在阅读理解遇到困难时，利用阅读策略解决难题。教师可以通过解释并示范阅读策略的使用，让学生学会选择和利用合适的阅读策略提升阅读理解能力。

（二）基于阅读内容的教学模式

与基于阅读策略的教学模式不同，基于阅读内容的教学注重的是让学生关注所读内容，阅读理解是建立在对意义的讨论之上的。这种教学模式认为，人们对于篇章的理解是大脑对所读文字的有意义的解读，是对信息的整合。人们在阅读过程中，每遇到新的信息都会去思考这一信息与文章前面已经给出的信息是什么关系，与自己已有的背景知识之间的关系如何，这些信息是如何有机而连贯地联系在一起表达一种思想或观点的。在这种教学模式中，教师会组织学生讨论，就内容、主题或某个问题进行深入的讨论，如人物性格、动机、情绪变化等。

作者认为，在实际教学中，两种模式都值得教师借鉴。以阅读策略为主线，以培养学生终身学习能力为教学重点，教师若能教给学生按照阅读的知识、遭遇的阅读理解难点选择合适的阅读策略，促进学生对阅读的理解，在明白某篇文章内容的同时掌握阅读理解工具及处理问题的思路与方法，当学生进行其他内容的阅读时，就具备了独立解决问题的能力，并能够发现阅读的乐趣。而基于阅读内容的教学对教师的内在修养要求很高，教师不仅要能够读出文本的深层次含义，还要能够通过问题引发学生深入思考，层层剖析，将文本分析得透彻明了。这一模式的优势是强调阅读的本质，注重读者与文本的互动，也注重读者的解读和思考。这两种模式都存在着弊端，前者容易显得机械化，读者纯粹是为策略而读，沉迷于体验和应用各种技巧对文本进行解读，使整个课堂显得没有生命力，读者没有真正"动心"去阅读、理解文字的内涵。而后者则过于强调在教师的引导下对文本进行解读，忽略了对于学生阅读能力的培养，如果没有教师不断给出线索或追问，学生对文本的理解可能就无法到位，导致学生在离开教师后就无法独立阅读了。因此，作者认为，教师应该将这两种模式进行有机结合，既注重对内容的理解，也关注阅读策略的培养，这样不仅能让学生体会"阅读"的过程和思考的意义，也可以教给学生阅读、思考和分析的手段。

第四节　高校英语阅读教学存在的解决及对策

一、建立和完善精读与泛读相结合的阅读教学体系

（一）进行精读与泛读的分工

在明确阅读教学总任务的基础上进行精读和泛读的分工，大学英语阅读教学的总任务可以分为三个方面：

①引导学生从事大量以理解内容、获取信息为目的的活动，并培养学生阅读的兴趣和习惯。

②使学生掌握和扩大语块量及语法知识。

③训练阅读的各种技巧。

学生英语阅读精读的任务如图 2-4-1 所示。

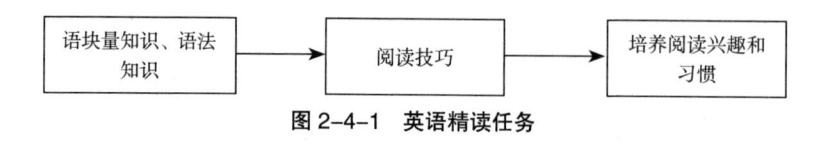

语块量知识、语法知识 → 阅读技巧 → 培养阅读兴趣和习惯

图 2-4-1　英语精读任务

英语泛读教学的任务如图 2-4-2 所示。

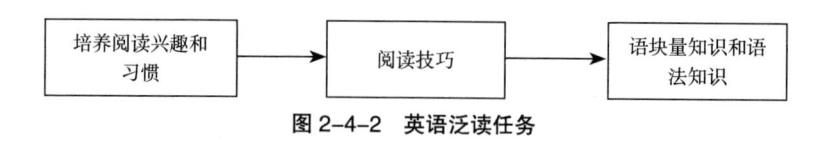

培养阅读兴趣和习惯 → 阅读技巧 → 语块量知识和语法知识

图 2-4-2　英语泛读任务

（二）落实课堂阅读训练

落实课堂阅读训练应该做到吸取各种理论对阅读教学指导意义的优势，取长补短，优化改进读写课教学模式；在英语课堂教学过程中，注重学生的阅读训练，培养学生良好的阅读习惯。

（三）泛读课程规范化

在大学英语泛读训练中，要注重课程化和正规化的教学，泛读教学内容主要包括：一是配置专门的英语阅读材料。二是英语课堂教学中要有一定的阅读训练。三是规定教学指标，对阅读量、阅读速度、难度和阅读技巧等做出具体的规定。

新视野大学英语教材在这方面提供了很好的范例，与读写教程相配套的泛读资料给学生提供了非常丰富的阅读内容，而速读训练不失为一种有效的教学手段。泛读课应避免教学内容体裁不广泛、题材单一、文字内容偏多、内容陈旧等，但受课堂授课时间所限，如何科学安排精读和泛读还需进一步探索。

二、选择合适的阅读材料

在阅读材料的选择方面，所选篇章及相匹配的任务对学生来说应当是容易达到的。学生一般愿意读一些他们感兴趣的、能快速阅读的简易读物，如名著简写本或改写本，而经典系列著作可以留待以后有精力再研读。

教师可以从以下四个方面对阅读材料进行选择：

（一）语言

阅读材料应以当代书面语为主，尽量采用外国人士的作品，让学生接触地道规范的英语语言。

（二）题材与体裁

英语阅读材料要选择广泛的题材，阅读材料要具有健康的思想内容、覆盖广泛的知识面，还要涉及中西方文化背景知识，同时要兼顾学生阅读的趣味性、英语阅读实用性；而英语阅读体裁要有多样化的特点，不但要有故事、寓言，还要有新闻报道、科普小品、人物传记、社会读物乃至各种应用文，如信函、通知、广告、宣传单、产品说明书和图书目录等。

（三）难度方面

生词可有一定的密度，精读的任务之一是扩大词汇量，学习语言，但生词量也不宜过大，可适当增加篇目和篇幅，扩大总的输入量。针对英语阅读中的精读和泛读的材料选择，泛读的难度相对于精读要低，以比轻易可读懂的材料略高一些为宜。

（四）学生的兴趣

阅读材料的内容要能够符合当前学生的个性特点，要关注学生的学习目的和期望、学生的语言学习水平、学生的知识背景和兴趣范围，符合时代的潮流，符合学生的审美标准和要求，这样才能提高学生的阅读兴趣。

三、设计合理的阅读任务

教师应设定恰当的阅读目标、阅读任务，所设计的任务应当能够激发学生的阅读动机。

（一）阅读前的准备

教师可以采用三种方式，做好阅读前的准备工作。

①提出问题，使学生产生读的需要，让学生带着目的去读。

②激发学生的阅读兴趣，可以通过讨论有关话题或提供有关的图片等，激活学生的阅读兴趣，缓解学生阅读前的紧张心理。

③生词讲解，在阅读前把阅读材料中的生词罗列出来，并做中英文解释，这样可以帮助学生排除阅读中的生词理解障碍。

（二）阅读活动的类型

大学英语阅读教学活动主要分为以下两大类型：

1. 阅读欣赏

这个类型的阅读活动主要是为了扩大学生的阅读量，因此要加大阅读材料的输入量。进行这种阅读训练的时候可以搭配少量的阅读题目，如涉及阅读材料的大概意思和细节的题目，让学生阅读后进行答题，这样可以检查学生对于阅读材料的理解程度。

2. 培养阅读技巧

大学英语阅读活动的另一个类型，是要有针对性地对学生进行阅读技巧的训练，增强学生的阅读能力。阅读技巧主要包括：

①对所阅读材料的内容进行预测。

②总结阅读材料的主旨。

③找到材料中的特定细节。

④根据阅读材料中上下文的意思，猜测生词意思。

⑤推断生词、语句和篇章隐含的意义。

⑥辨认阅读材料中的语段过渡句等。

对于学生的阅读技巧训练，教师要提供针对性的题目，有目的、有重点地引导学生使用适合阅读材料的阅读技巧，引导学生在阅读前先看后面的问题（多项选择、判断对错、完形填空和阅读理解等），让学生带着问题有目的地根据要求去阅读，提高学生的阅读理解能力。

（三）评估测试

对于英语阅读的评估测试，要针对不同的阅读过程、阅读训练和阅读目的，采取不同的测试方法，没有任何一种阅读测试方法适用于阅读测试的各个方面。目前采取的阅读测试方法主要有以下两种：

1. 分离式阅读测试

这种测试方法每次只能测试阅读的一个方面，很难全面地评估学生的阅读理解能力。

2. 综合式阅读测试

这种测试方法能够比较全面地评估学生对于阅读材料的全面理解程度，测试的是学生的综合阅读能力。

除了这两种测试评估的方法外，还有多项选择、简答、匹配以及最近常用的信息转换等各种评估阅读的方法。在进行英语阅读教学过程中，教师要根据具体的阅读目标，选择合适的阅读测试方法，尽量使用多种阅读测试方法和技巧，完善学生的阅读测试评估，提高英语阅读教学效果。

四、培养阅读技能

课堂教学是学生进行阅读训练的重要组成部分，因而教师应精讲多练，以学生为主体切实落实阅读的训练，突出对学生阅读能力的培养。为此，教师应注意做到如下几点：

（一）语言知识教学与阅读技巧训练相结合

教师讲授各项语言知识，从掌握拼读规则到按照上下文确定词义，从分析句法关系到识别语段过渡标记，都可以从启发阅读策略与技巧的角度，促进这些知识在阅读实践中的迁移和运用。

（二）确保学生有独立的阅读活动

学生的独立阅读理解不能被教师的讲读所替代，读的活动也不应由听说写的活动来代替。在独立的阅读活动中，教师要帮助学生区别领会式和复用式掌握。语言形式的讲解和操练不应扩大到非复用式掌握的部分中去，以确保充分的以理解内容为中心的阅读活动的进行。

(三)默读阅读材料

在培养学生阅读技能的过程中既要重视朗读，也要进行有必要的默读。朗读能够帮助学生强化记忆，使学生在出声朗读的过程中也能够全面理解阅读材料的意义，但是，朗读容易让学生养成出声阅读的习惯，而不注重阅读材料的内容。因此，要培养学生的默读能力。

(四)运用阅读策略

英语阅读也有策略可言。在阅读教学过程中，教师要用一些实际的阅读活动传授给学生实用的阅读策略，如寻找关键词汇和关键句子，找出能够表达阅读材料中心思想的句子，找出语句和段落的衔接等。

五、评估手段多样化

英语阅读和英语的听、说、写、译一样，也要有多样化的评估手段，应该采取有效的评估检测方法和手段。按性质来说，阅读评估可以分为两类：量化评估和质化评估。

其中，量化评估包括：分班测试、课内阅读测试、期末测试；质化评估包括：学生对阅读策略问卷的反映、教师对课内阅读任务的观察、学生口头陈述阅读认知过程。

英语阅读中常用的评估方法如表 2-4-1 所示。

表 2-4-1 英语阅读中常用的评估方法

评估方法	评估内容	优点
统一测试	首先，教师对一个班级或几个班级同时进行对同一份阅读材料的测试，要求学生在规定的时间内完成阅读任务。然后，教师统一批阅，进行试卷分析，发现问题，提出解决方案。最后，教师写出测试结果报告	测试的内容丰富全面，测试面较广
提问法或抽查法	首先，学生在课外完成阅读。然后，在课堂上，教师采用个别提问的方式检查阅读任务，评估学生是否按时完成，以及答题的正确率如何	方便灵活，反馈信息及时，有助于教师及时发现问题并解决问题
自测法	学生在完成阅读任务后，根据教师所给的标准答案对照自己的答案并改错	有针对性地解决存在的问题，节省时间

教师要根据不同的阅读内容和阅读目标，采用灵活多样的评估方法，引导学生积极参与阅读活动，限定最低阅读量，促使学生每天阅读，如一周读完一本简易英语读物。

第三章　高校英语阅读教学的相关理论

本章为高校英语阅读教学的相关理论，分别介绍了图式理论、关联理论、互文性理论、阅读模式理论、建构主义理论的内涵以及这些理论在英语阅读教学中的应用。

第一节 图式理论

一、图式的概念和图式理论的概念

（一）图式的概念

对于图式的概念，从柏拉图到现代理论之父鲁梅尔哈特等学者都有自己的观点。学者们总结的图式的概念主要有以下几种：

①柏拉图——"理念论"，他认为"理念"是心灵的眼睛能看到的东西，是人的理智所认识的外在理智中的存在。

②伊曼努尔·康德——图式是先验想象力的产物。先验的时间规定性是将知性概念与感性经验统一起来的关键所在，是沟通概念和对象的媒介物。

③巴特利特——图式被引入心理学，他指出图式的核心特点是对过去经验的活跃组织和反馈。

④库克——图式是形成于人类大脑的长期记忆中的有关于人对世界的认识。

⑤鲁梅尔哈特——人类获得的所有知识都可以被划分成为细小的单元，从而形成一定的组织和结构，而这样的组织和结构就是图式在人脑中的具体呈现。

综合以上学者和语言学家们对图式概念的研究，图式被广泛应用到各种研究领域，也被运用到各种情境之中。图式能够帮助人们理解各种信息的基本框架，对人们的认知组织和建构有着重要的作用。图式能够调动人类大脑中的信息，根据已知的信息预测未来的信息和外界的信息。在英语阅读理解中，学生能够利用大脑中的图式信息，顺利完成阅读任务。

（二）图式理论的概念

图式理论产生于 20 世纪 60 年代，是伴随着认知科学的发展而产生的。图式理论主要强调的是存在于人们大脑中的已有背景文化知识能对人们的认识起到根本性作用。图式理论常常被用于解释语言习得的过程。很多学者都把图式理论用作阅读的理论基础。

在总结各种学科如心理学、语言学等领域研究的基础上，图式理论的研究者们不断地完善现代图式理论。他们认为，图式是人类头脑中存在的结构性知识或知识单元，是事物和语言的中介，是一种代表人对世界的理解和认识的结构性网络。

二、图式理论的发展历程和类型

（一）图式理论的发展历程

图式理论的发展从康德提出图式的概念，到格式塔心理学家巴特利特对图式理论的发展，以及人工智能专家鲁梅尔哈特对其理论的完善，再到现代各领域、各学科的广泛研究，已经有两百多年的历史。图式理论的发展如表3-1-1所示。

表3-1-1 图式理论的发展历程

时间	代表人物	图式理论内容
20世纪20年代至30年代	巴特利特	记忆不是对过去的简单重复和再现，而是对过去经验的一种积极建构
20世纪30年代至60年代	皮亚杰	同化——通过原有图式吸收外界信息从而进行归纳和总结，促进图式的扩展 顺应——当原有图式无法同化新信息或外界环境发生变化时，感知者必须建立新的图式
20世纪70年代后期	安德森	为吸收篇章信息提供了心理框架 有助于注意力的分配、推导性发挥、在记忆中有条不紊地搜寻信息、编辑与总结、推导性重构
20世纪70年代至80年代	无	被广泛应用到应用语言学的研究中，尤其是ESL领域
		国内教师把图式理论运用到英语阅读教学中
20世纪80年代	无	形成图式阅读理论——阅读者已有的知识图式与阅读的文本信息互动的阅读过程，也是信息的双向加工过程，即"自上而下"和"自下而上"，实现高效的阅读理解

（二）图式阅读理论的类型

1. 语言图式

语言图式是指阅读者要掌握所阅读语言的文字知识，包括语言的语音、词汇和语法等方面的知识。对语言图式知识的学习，是保证阅读者对语言文字信息进行解码、获取文字意义的基础保障，对语言图式的熟练掌握能提高阅读理解的程度。

2. 内容图式

内容图式是指阅读者在阅读过程中，还要了解文章的题材、主题内容以及文章所涉及的语言文化背景知识。只有牢固掌握了阅读中的内容图式，阅读者才能容易、准确地获取文章信息、理解文章内容和文章意义。

3. 形式图式

形式图式主要是指阅读文章的体裁、篇章结构等方面的知识。不同体裁的文章具有不同的结构特点、不同的要素和不同的语篇风格，阅读者在阅读文章时要能分辨出文章的体裁，这样才能把握文章的内在逻辑关系，更快、更准确地理解文章所表达的思想，体会作者的写作意图。

图式阅读理论中的三种知识类型的图式，在阅读过程中是相辅相成、缺一不可的。语言图式是基础，也是人们进行阅读的基础。阅读者要具有语言图式的知识，才能跨越阅读语言的障碍，激活更高层次的内容图式和形式图式，才能实现对阅读文章的全面理解。

三、图式理论的主要观点

（一）图式定义的多元化

图式可以是一个符号、一件事物的相关性质，或是某个抽象的概念。图式的基本特征为：具有变量，可以嵌套，是抽象水平上的知识，所表征的不是定义而是知识，是一种主动的过程，也是一种认知的单元。

从以上图式的特征可以看出，图式的这种认知单元能够评价认知事物的匹配程度。认知具有多元化概念。我们在对"英语"这个图式进行分解时，既可以将其理解为英语教材，也可以将其理解为英语课程，还可以将其理解为一种语言。同时，"英语"这个概念还具有动态性的特点，英语的受教育程度或英语的综合运用水平都会随着学生年龄的增长而产生变化，呈现出不同的教学要求。

(二)图式的层次性

图式理论中的图式具有层次性，如简单—复杂，抽象—具体，低级—高级。例如，我们说的"高校教育"可以包含多个子集层次：一是高校里面的学生具有差异性，可以形成简单—复杂的层次差异；二是学校和学校的院、系、班级之间具有明显的上下级层次关系。

阅读者建构新知识的基础是已有的知识体系和对阅读文本的理解。只要阅读者的头脑中已有的图式能够匹配到阅读文本的新信息，阅读者就能够得到正确的理解和有意义的建构。面对同样的阅读文本，不同的阅读者由于背景文化知识的不同，对阅读文本的理解也有所不同，这样在阅读过程中输入信息与阅读者已有图式之间的互动就会产生不同的反馈。

图式理论主要用于人们对于客观事物的不同理解和知识建构。图式理论的基本功能包含三个方面：

1. 建构

根据学习者已有的经验和背景文化知识，通过实践建构新的知识体系，形成新的意义理解。

2. 推论

学习者可以利用图式变量间的内在联系，推测隐含和未知的信息。

3. 整合

学习者把新信息与原来的图式框架、相应的变量结合起来。

第二节 关联理论

一、关联理论的基本理论观点

(一)明示—推理过程

作为认知语用学的交际理论，关联理论将传统符号学的编码模式与格赖斯的推理模式相结合，提出了基本观点之一：明示—推理过程。这是对交际的深入理解。从交际者的角度来看，交际是一个明白无误的示意过程，即用明白无误的语言来表达意图；从交际对象的角度来看，交际是一种推理过程，即交际对象需要根据明示手段提供的信息来推断说话人暗含的意图。关联理论关于交际的定义具有进步性的意义，从亚里士多德到普遍被接受的现代符号学的编码解读，再到格赖斯的推理模式，尽管这些理论在解释交际过程中都发挥了各自的作用，但是都不够全面。因此，这些理论对交际的定义都不能令人满意。

根据关联理论，交际的科学定义应该是解码和推理的结合。解码过程是言语解读和推理的起点，如果没有解码，我们就无法进行下一步推理。换句话说，没有解码，推理就丧失了基础；推理意味着在解码基础上认知的深化。只有当以解码为基础、以推理为方向进行言语解读时，说话者的意思和意图才能被准确地解读。明示和推理是交际中不可或缺的两个部分。

（二）语境假设

在关联理论中，言语的语境指的是"心理建构体，即听者关于世界假设的关注"。根据这个定义，语境不是交际双方外部环境的某个部分，而是指他们对世界或环境主观认识的一部分。一个人的认知语境由许多变化多端的信息组成，可以是周围的物质环境或直接说出的言语，可以是对未来的期望、科学设想或宗教信仰，也可以是一般文化假设、对说话者心理状态的看法等。因此，听话者应该能够从所有这些认知环境中筛选出说话者实际的意图。认知语境指的是影响人们内部认知的各种各样的因素，包括人们不同的经验、信仰、思想和期望等。它是关于世界的一般化、类型化和内化的语用知识。这种对世界概念化的表征以图式和块状形式存储于大脑中，被言语激活后应用于交际中。因此，在阅读理解中，完全由读者选择合适的语境假设来解读文本。

（三）最优关联

1. 实现最优关联的条件

促使交际成功的主要因素是交际双方追求的最优关联，而不是最大关联。听话者如果要找到最大关联，就必须类比所有可能的解释，这在交际中是不可能和不现实的。因此，就语言交际而言，只有满足两个条件，它才是最优关联的，具体为：一是交际能产生引起听者关注的足够的语境效果。二是听者无须付出更多心智上的努力就可以获得这些语境效果。

2. 假想的最优关联

然而，在实际交流中，我们不可能总是期望对方的话语具有最优关联性。事实上，对方仅仅能够自然、清晰地传达以下假想的最优关联：一是用于明示的刺激信号是相关联的，从而值得听者付出努力去处理这些信号。二是鉴于说话者的能力和偏好，用于明示的刺激信号是最相关的。

也就是说，话语可能并不能达到最优关联，但说话者想让听话者认为他所说的是有最优关联性的。换句话说，假想的最优关联使听话者一方对最优关联产生精确的、可预知的期望，从而引导听话者接近说话者的意思。鉴于此，一个理性的听者应该选择一种最能满足这些期望的解读方式，而且这种解读正是交际者想要传达的。

这种关联理论是认知科学的基础理论，主要涉及认知和交际两个方面。人类认知往往追求关联的最大化，假想的最优关联会被明确表达出来。人们会注意相互关联性大的刺激信号，对此加以处理，以达到关联最大化，也就是用最小的努力获得最大可能的效果。因此，人类对认知效果的追求使得我们可以了解他人的心理状态，并采取相应的行动。这也是影响人类信息处理过程的最一般的因素，决定了我们要注意什么信息，在记忆中提取哪些背景知识用于语境，以及能得出何种推断。这种普遍的对关联性最大化的追求从某种程度上使得我们可以预知和掌握他人的心理状态。

然而，很显然，交际者并不总是能够给出最大关联的信息，或用最简单的方式呈现出来。就内容而言，说话者可能没有或者不愿给出听话者要的最相关联的信息，或者当时未能想到；就形式而言，缺乏时间、能力或文采，使得说话者不能用最简洁的方式表达自己，而且说话者所能想到的最相关的话语可能仍然不能满足听话者的关联性要求。这时就需要听话者降低对关联性的要求，这样反而会保证交际的成功。

二、关联理论对阅读教学的影响

"关联性理论指出,言语交流是一种认识的行为,接收信息的人通过联系和暗示的方式来推断信息发送人的目的。"① 关联理论虽然不是专门的阅读理论,但是既然阅读是交际的一种,那么关联理论就可以很好地阐释阅读这一认知活动。

(一)阅读是一种推理过程

关联理论中的明示—推理过程一定适用于阅读。读者认为作者所写的是有关联性的,并力图用最高效的方式把新接收的信息与既有的背景知识联系起来,以解读文本。对新接收的信息的解读是一个演绎的过程,假设总能从读者已有的知识中得到印证。

明示—推理过程强调作者和读者的作用。从认知角度看,作者会自主地保证所写内容的相关联性,否则就失去了交际的意义。那么,从读者角度来看,为什么推理在阅读中如此重要呢?因为书面交际如果失去阅读过程中不断进行的推理,就不可能成功地、充分地交际。很多时候,读者和作者之间有一种不成文的协议,即作者无须把所有的意义都写到纸面上,所以,文本并不能保证读者一定可以从中得出其意义。这时,读者应该根据自己内化的知识推理文本暗含的意义。每个读者的推理都具有唯一性,这也同时解释了为什么不同的读者对同一个文本会产生不同的理解,会得出不同的结论。读者的这种推理能力以他们的背景知识为基础,读者会利用作者提供的文本线索,再结合自己的已有知识和经验,得出对文本意义的结论。这个过程就是推理的过程。听话者或读者通过一系列步骤得出说话者或作者的真正意图,这个意图是被暗示的、未被直接说出的。读者的认知环境极大地影响了其对文本的推理结果和理解水平。

(二)阅读是追求最优关联的过程

在阅读这种交际活动中,作者的任务是选择他所认为最合适的方法,根据自己的目的、对读者理解能力的假设以及当前交际环境的知识进行写作。但有时为了达到某种目的,作者可能会故意用一种迂回的方式表达自己的意思,选择一些

---

① 苑颖. 浅析关联理论对大学英语阅读教学的作用 [J]. 现代英语,2022(16):33-36.

看似不相关联的表达方式，在当时的情况下，这种表达可能是最好的选择，也可能被认为是最优关联的。有时为了达到作者想要的某种效果，作者可能不会只选择表达那些关联性信息，还会选择与当前情况最优关联的表达方式。

我们阅读文本的主要目的就是要找到满足最优关联的一种解释。书面交际的前提是读者认为文本具有最优关联性。为了达到最优语境效果，读者不断追求与作者真正意图相符合的最优关联的过程就是书面交际的过程。这个过程涉及连续不断地推理、确认和修正。读者的任务是运用相关知识去推断，得到进一步的信息，以此发掘作者直接或间接表达的意图。这种意图可能是清晰的，也可能是模糊的。读者只有找到了已有信息和语境中的最优关联，才可能成功推断出其中暗含的意义。

（三）阅读是选择语境的过程

同一个句子被不同语境假设激活，就会导致不同的理解。也就是说，每一句话语都需要某一套特定语境假设来解读。然而，认知语境不是提前设定的，而是在推理过程中被选择或激活的，而且随着交际的进行，原有的语境不断被修改、补充和完善，为下一步交际和推理打下基础。当新呈现的信息与语境假设相互作用时，新的语境效果就生成了。

因此，阅读过程就是为成功达成交际而选择语境的过程。成功交际的关键问题是读者如何从自身认知环境包含的所有假设中选择出实际符合作者意图的假设。有些信息在一定场合下可能是很容易获得的，也无须付出多少努力，但在另外一个场合下就需要付出较多的努力。例如，当闻到房间中有煤气的味道时，人们就会想到可能阀门漏气了，而不会想到煤气价格在上涨。一些语境假设容易获得，而另一些则不容易获得。这就意味着语境假设的可获得性是由在某一交际行为中得到这一假设所付出的努力决定的。

以上比较详尽地评述了关联理论的基本观点和其对英语阅读的影响，这些概念为我们分析阅读理解提供了综合的语用方法。关联理论建构了一个交际模式，英语教师可以从中获得很多启示和帮助。

第三节 互文性理论

一、互文性概述

（一）互文性的概念

"互文性"这一概念是在1960年被法国符号学家茱莉亚·克丽斯蒂娃（Julia Christeva）提出来的。对于互文性的概念，她并没有给出明确的定义。互文性这一概念在批评词汇中使用得比较广泛，也是被列为"错误的运用"最多的词汇之一，因此她对于互文性的定义没有办法做出根本性的概括。要正确给出互文性的概念，就要从"互文性"这个术语的历史发展、其意义及其运用中获得。

互文性的出现要追踪到语篇研究的历史中。互文性在语篇中表现为两种不同的现象。一是无意识的意义创造。阅读者利用已有的文化背景知识阅读语篇，把阅读的语篇当作大脑中已有的语篇网络之一，进行无意识的意义创造。阅读者阅读的每一篇文章都存在于其他语篇结构中，语篇的构造是读者的互文性建构。二是有意识的理解语篇。阅读者会利用已有的相关语篇知识，有意识地理解语篇，以便更好地完成阅读。阅读者在作者所生成的互文性基础上，正确理解在语篇中作者所使用的修辞手法，有意识地形成特定的阅读者的阅读理解。

（二）互文性的分类

不同学者对于互文性的分类，有很多种不同观点（见表3-3-1）。

表3-3-1 互文性的分类

学者	分类	互文性描述	分析
克丽斯蒂娃	水平	一段话语与一连串其他话语之间的具有对话性的互文关系	强调发话人根据别人的话来组织自己的话语；一个语篇充满其他语篇的片段，人们在试图理解该语篇时必须具备一定的关于这些语篇的知识；分类比较宽泛，难以区分
	垂直	构成语篇较直接或间接的语境	

（续表）

学者	分类	互文性描述	分析
詹妮	强势（显著）	语篇中有明显的相关话语存在于语篇的表层特征中	无
	弱势（构成）	语篇中有能引起联想的语义；语篇中的体裁、语篇类型具有复杂性	
摩根	后结构	强调基本的符号关系的模糊性和意指的无限回归性	无
	结构	通过描述基本单位以及单位之间的系统性和循环关系来确定文本的意指行为	
热奈特	互文性	文本中的相互关系	处于构成单个文本的要素间的实用的、可确定的互文关系；分类具体有可操作性；分类有重叠性
	副文性	正文与只能称其为"副文本"的部分所形成的关系	
	元文性 附文本	诸如标题、前言和注释等	
	元文性 外文本	文本之外的相关文本	
	超文性	通过简单或间接转换把一个文本从已有的文本中派生出来	
	统文性	同一类文本的结构和规范	
现代学者	具体	语篇中的话语有具体来源	这种分类涉及某一社会阶层或群体
	体裁	语篇中融合不同体裁、不同风格的话语	

二、语篇的互文性分析

"一个语篇的意义与其说是由其作者构造的，不如说是由其互文性构建的。互文性的存在使语篇意义的生成变得更为复杂，从而对语篇的阅读者提出了更高的要求。"[①]

[①] 曲景秀，杨丹. 互文性理论对大学英语阅读教学的启发 [J]. 黑龙江教育学院学报，2012，31（10）：156-157.

（一）分析的困难

依据学者们对于互文性的分类，可以看出互文性在语篇的话语分析中占有重要的地位，能够在语篇的相互关系中对语篇的结构、功能、意义等方面进行分析和评价，但是这种分析存在一定的困难。

1. 不稳定的语篇互文关系

对于某些语篇之间的关系，可以利用互文理论建构一种可信的语篇互文关系，但是，面对不同的阅读者、不同的阅读时代、不同的知识背景、不同的阅读目的、不同的阅读兴趣，某些语篇之间就会建构不同的互文关系。

2. 复杂的语篇表现形式

互文性是一种文化形态，不一定局限在特定语篇的特定的表现形式上。复杂的语篇反映形态，也表现出不同的性质和不同的语篇实现形式。这种不明确的语篇空间不利于人们有效利用，人们也有可能翻出以前的相关语篇进行互文性研究。因此，互文性只有具体到某一语篇中才具有可操作性，但是，刻意地缩小语篇范围也就减弱了语篇的互文性能力。

（二）英语阅读教学中的互文性分析

从互文性分析英语阅读教学，涉及的面非常广，作者只从以下三个方面来分析：

1. 细节

互文性分析的重要要求之一就是注重语篇的细节，要找到一篇引文作为阅读语篇和源语篇的关联，通过语篇之间语境的转换建立起互文分析的关键点，然后对比语篇之间的意识形态、语篇中的语义和张力，通过丰富的联想增强互文的效果，达到语篇互文的目的。

互文的细节性还表现为通过回声、明引、暗引等修辞手法，使语篇与语篇产生关系，依据语篇作者的写作意图和表达的情感，实现自己的交际意图。这种运用修辞手法的语篇互文能够引发阅读者丰富的联想。

互文的细节性还表现在语篇所反映出来的文化背景中。在英语阅读中，学生要积极利用已有的英语国家的文化背景进行语篇互文性比较，这样更容易接受语篇中的词汇和句子。

2. 体裁

语篇的基本特征之一就是体裁互文性，不同的社会意识形态不断地发展变化，也就产生了不同的语篇。不同体裁、不同题材的语篇之间互相借用不同的风格、不同的语域，相互交融，这就是所谓的语篇体裁的互文性。阅读者借助不同体裁的语篇风格实现自己的交际意图。

在英语阅读教学中，教师需要教授学生分析阅读文章的方式方法，要教会他们如何分析语篇的语言风格、如何分析语篇的类型，同时还要注意语篇的多样性。在这种阅读教学中，教师要充分利用语篇体裁的互文性，将各种体裁和题材的语篇融合在一起。这样的互文性阅读过程让学生感到很新鲜，能够提高学生英语阅读的兴趣。

3. 媒介

媒介互文性主要体现为通过各种文字、声像等物质媒介来创造互文性的效果。现代社会多媒体技术和网络信息技术的高度发展，为大学英语语篇的互文性表达提供了广阔的空间。多媒体教学极大地调动了学生学习的积极性，适合"00后"大学生的心理特点和差异化的个性发展特点。他们伴随着互联网成长，互联网已经全面嵌入他们社会生活的方方面面，对他们获取知识和人际交往有着重要的影响。当代大学生对外界事物的认知开放性更高、怀疑性更强、好奇心和求知欲更浓烈，这些特性导致他们更有主见，更不受束缚，更喜欢创新。

（1）多媒体环境下的师生关系

多媒体技术也给英语课堂教学中的师生关系带来了转变。多媒体技术的应用改变了传统教学模式下的师生关系（图3-3-1）。

教师 → 课本 → 学生

图3-3-1　传统教学模式下的师生关系

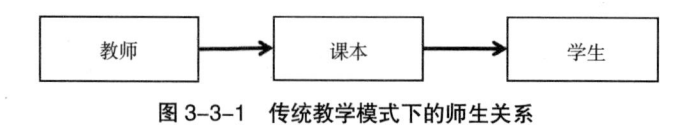

图3-3-2所示是信息技术、计算机辅助下的师生关系。教师、学生、教学内容和计算机是四个基本的要素，这几个要素之间相互联系，形成一种科学、合理、和谐的关系。

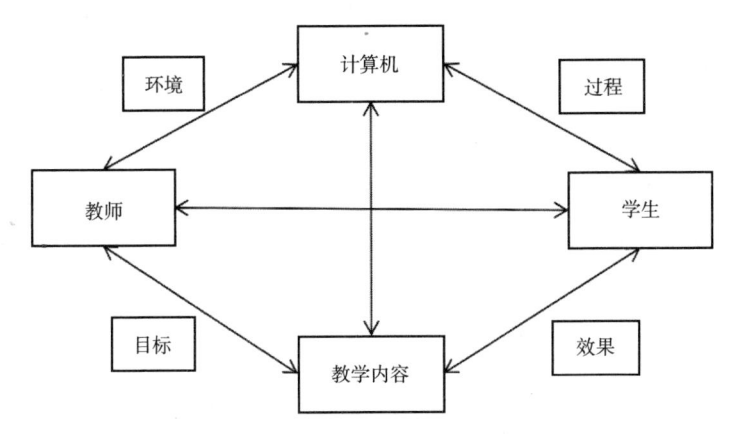

图 3-3-2　多媒体环境下的师生关系

教学中以学生为中心，学生是课堂的主体。教师指导着整个教学活动的过程，同时也是教学活动的组织者。教师要积极研究融合优质课程资源，学会运用多媒体、教学平台、人工智能来进行教学，注重能力教育，改变教育方式、教育环境。

（2）互文性对英语教学的启示

媒介互文性运用于英语教学中，主要体现在以下两个方面：

①英语教材。传统的英语教材虽然图文并茂，但是对于声音和图像的需求就没有办法做到了。教材的编写与设计也不能适应学生的个性化需求。随着网络信息化时代的到来，多媒体英语课件实现了英语教材的互文性。

②英语教学手段。多媒体课件创新了高校英语教学手段，多媒体技术下的英语教学可以充分利用现代信息技术的优势，完成高校英语教学任务，培养大学生英语人才，推动大学生素质教育。教师应利用教学平台或多媒体教学手段，用形象生动的英语情境教学激起学生学习英语的兴趣。

第四节　阅读模式理论

一、阅读模式理论概述

阅读模式理论是随着心理学、语言学和教育学等相关学科的发展逐步演变出来的。人们获取信息的重要方式之一就是阅读材料，阅读者能够从认识和理解阅读材料的语言符号中，识别文章中的词汇、句子和语篇传递的信息，了解文章所要表达的意义。人类知识的大量获得也是通过阅读活动来实现的，阅读是人类传递信息的主要途径之一。

在这样的背景下，学者们广泛重视对阅读理解的研究，各种阅读理论和阅读模式逐渐被研究。阅读模式理论的确立和发展为人们能深入地认识和研究阅读理解过程提供了理论依据。

二、阅读教学模式

在阅读教学中，常采用的教学模式主要有以下三种：

（一）自下而上模式

这种教学模式下的阅读教学从介绍生词和新的句子结构开始。在学生记住了生词、了解了新的句子结构之后，教师会带着学生逐句逐段地理解文章。接着，教师让学生回答阅读理解问题，朗读课文。这种模式的教学过程基本从理解单词开始，到理解词组、理解句子、理解段落，最后是理解全文。

（二）自上而下模式

自上而下的模式认为人们的背景知识在阅读理解中起着更为重要的作用。读者如果能够充分运用已有的背景知识，则能够更好地理解文章；相反，读者如果对阅读的文章话题毫无了解，则即便认识文章中的每一个字，也不一定能理解文章的意思。因此，自上而下模式的教学通常先介绍相关的背景知识，以便于学生在阅读时更好地猜测文章意思，从而促进理解。

（三）互动模式

现在的教学理论认为，阅读是读者和文本之间交互的过程。在阅读时，读者从文章中获取、理解并重组信息。在阅读的过程中，文本和读者共同起着作用，两者相互影响、相互补充。读者如果不了解文本的任何背景知识，那么阅读理解就要更多依靠于语言知识和阅读策略；读者如果没有掌握丰富的语言知识和一定的阅读策略，那么他的阅读理解就要更多依靠相关背景知识。也就是说，语言知识和阅读技能是阅读理解的基础，读者的背景知识是阅读理解的重要影响因素。基于这个模式，阅读教学过程可以分为如下三个阶段，在这三个阶段里，自下而上和自上而下的教学模式可以相互结合运用。

1. 读前阶段

读前阶段的活动是指在学生仔细阅读文章之前进行的活动，这些活动可以引入话题，分享相关背景知识，激发学生的阅读兴趣，让学生做好必要的语言准备。这些活动的目的是帮助学生更好地完成读中阶段的活动。

2. 读中阶段

读中阶段的活动是指学生在阅读过程中进行的活动。这些活动旨在促进学生对文章的理解，提高学生的阅读技能。特别要指出的是，一些常见的阅读活动，如做单选题、判断正误题、翻译句子等，其实是对阅读理解结果的检测。而事实上，读中阶段的活动要关注的是阅读理解的过程，而不是阅读理解的结果。

3. 读后阶段

读后阶段的活动是指学生在阅读过程结束后进行的活动。这些活动既要与学生的所读的文章相关，也要适合学生的水平。读后阶段的活动要让学生把在阅读中学到的东西与他们原有的知识结合起来，让学生基于所学运用语言。

三、阅读模式理论对大学英语阅读教学的启发

（一）培养阅读者综合分析的能力

阅读的过程就是认知的过程，阅读理解就是阅读者已有知识与阅读材料中的信息相互作用的过程。大学英语阅读的过程就是大学生运用已有的英语语言知识和非语言知识对阅读材料进行认知、判断和分析等综合的思维活动的过程。英语阅读不能仅仅停留在英语单词、词汇的语言符号的认识层面上，学生要运用相关背景文化知识理解篇章意义，进行猜测、推断、概括等综合分析，不断提高自己的英语综合分析和运用能力。

但是，在很多情况下，学生对英语语言的获取有限，不能真正理解文章中英语国家浓厚的文化特色、风俗习惯和宗教信仰。再由于英语的专业特色，在英

阅读理解的过程中，学生如果出现了阅读障碍，就不能从篇章中获取有效的信息。因此，大学生要学习积极有效的阅读技巧，储备丰富的英语国家文化背景知识，以便能在语言信息和背景知识的相互作用下综合分析英语文章，深层次理解篇章意义，全面提高综合素质。

（二）培养获取信息的能力

在大学英语阅读教学中，还要培养学生的各种语言技能，使他们在阅读中获取各种文化信息。学生获取信息的能力要从以下五方面进行培养：一是获取英语单词和句子的短时记忆。二是整合短时记忆中的信息，并将信息相互联系、整合，来获取篇章的整体意义。三是加大英语信息输入的数量和速度，扩大学生的信息容量。四是大量阅读各种题材和体裁的英语文章，建立英语语感，培养自动化辨认词汇、语法和篇章等语言技能，理解语篇意义。五是加大课堂教学中英语语言材料的输入，将词义、句法教学和语篇教学融合起来，培养学生的语篇阅读能力。

（三）培养自主阅读的能力

在英语阅读教学中，教师要充分发挥学生的阅读主体作用，进行阅读指导，教授学生阅读策略和阅读方法，让学生主动参与阅读活动。教师要根据学生的个体学习需要明确英语阅读教学目标，优化英语阅读教学内容，合理安排英语阅读教学过程，使之适应高校英语教学的总体目标。

英语阅读涉及的内容应该和社会热点以及科学技术新进展等紧密相连，题材多样化，范围广泛，这样有益于促进学生思维的发展。另外，阅读内容也可涵盖现代生活等方面，让学生在阅读中适当地了解异域文化。同时，教师可以选择一批优秀的外国文学著作以及各类体裁的阅读资料进行辅助阅读。这样才能调动学生阅读的积极性和主动性，实现阅读感知—阅读理解—阅读运用的过程，帮助学生自主建构英语知识体系，提高学生自主解决问题的能力，活跃课堂教学氛围，培养学生形成良好的英语阅读习惯，提高学生的自主阅读能力。

第五节　建构主义理论

一、建构主义理论的内涵和主要观点

（一）建构主义理论的内涵

建构主义理论内涵主要包括以下几方面内容：

①建构主义认为，学习是学习者主动学习建构的过程，具有主观能动性，不是强加的、简单的信息输入。

②学习者的学习因人而异，由于他们的学习背景不同、获取知识的渠道不同，他们对不同的事物会有不同的理解，甚至对同一事物在不同的时期也会有不同的见解，所以，学习者的原有知识和经验是有差别的。

③在对新知识进行学习建构时，有的学习者在原有知识的基础上对新知识进行理解，有的学习者对自己原有经验进行改造和重组，有的学习者主动学习建构新知识信息，有的学习者通过对新知识的认识与原有的知识经验相互作用。

④建构主义强调学习者的积极主动性。学习者获得知识的过程取决于学习者独特的知识背景、原有知识结构、心理结构、经验以及学习者对学习的信念和坚持，而不是取决于学习者对教师教授的知识内容的简单记忆和背诵。

⑤建构主义针对在过去传统的教学中学生学习知识的片面性，提出了缩小学习与现实生活的差距、广泛且灵活地运用知识的观点。建构主义作为学习者的一种认知方式在欧美国家存在。

⑥建构主义、行为主义和认知主义都是互相联系且有区别的，建构主义是行为主义的基础。行为主义的学习是通过不断地刺激（教师把知识传递给学习者）进而产生反应（学习者理解并学习教师所传授的知识）的一个过程，完全忽略了学习者接受知识的心理过程。认知主义的学习是在已有知识的基础上获得新知识的过程。建构主义的学习是教师引导学生积极、主动地学习建构新的知识和经验的双向互动的过程。

随着教育国际化步伐的加快，国家需要优秀的国际型人才，而传统的课堂教育因为缺少乐趣，对学生没有吸引力，学生的创新能力也不能被有效发掘，因此无法满足社会的要求，一种新型的教育理论和教育方式亟待发现。20世纪90年代，建构主义理论的提出得到了人们的重点关注，传统的教育理论逐渐被这种新型的理论所替代。

（二）建构主义教育理论的主要观点

在国际教育领域的理论和实践中，建构主义理论具有至关重要的作用。在新一轮课程改革中，它作为现代教育理论的依据之一，是对传统教育理论的挑战。建构主义认为，知识的获得并不依靠教师的传授，教师在教学中的角色只是组织者和帮助者，知识是学生通过主动建构来获取的，学生才是学习的中心。

建构主义教学包含的内容有建构主义知识观和建构主义学习观。建构主义知识观、学习观的指导作用和实践意义是非常重要的，其不断地引发教育工作者在教育的道路上思考和探索。

1. 建构主义知识观

建构主义者强调知识的动态性，知识是人们对客观世界的总结和概括，而不是事实本身。因此，我们在面对具体的问题时，要根据问题所反映出来的实质分析和解决问题，根据现有的知识结构进行再加工和创造。

知识的建构是指人在面临新的事物、信息、现象和问题时，在特定的情境中，根据其中的一些线索，将自己头脑中经验调动出来，用于解释这些新信息，对这些新问题进行解答，并赋予它们意义。在建构主义看来，课本知识只是较为可靠地解释或假设某种现象，并不能作为"绝对参照"来解释现实世界。学生在学习过程中不仅要理解新知识，而且要分析、检验和批判新知识。这种知识观对教师和学生都提出了新的要求，反映到英语学习中，就是学生学习英语时不能一味地死记硬背单词和课文，不同的学习者由于知识水平的不同有着不同的英语学习方法。教师对学校英语课程的教育教学方法要不断研究和探索，英语教学是对语言知识的传授和学习。建构主义知识观认为语言学习是学习者主动建构知识的过程，提倡教师要将学生放在中心位置，并且能善于运用各种教学手段和方式来组织和引导学生，比如情境教学、问题教学和协作教学等，以帮助学生在学习英语知识的过程中更具有有效性和灵活性。

建构主义知识观主要阐述的内容为：

（1）知识性

人对客观特质世界的假设和推测。

（2）情境性

学生的学习应该在真实情境下进行。英语学习尤其强调学生要亲身参与课堂活动，讲究实际运用、自我体会和实践。

（3）群体性

建构主义知识观认为，社会互动的过程即为学习。

2. 建构主义学习观

在教学过程中，学生获取知识并非通过教师的传授，教师只是扮演指导者和参与者的角色，主体还是学生。在一定的情境下，学生运用学习资源，借助各种学习策略和学习方式，通过意义建构的方式来获得知识。

每个人对知识的理解因其所处的学习情境和已有的经验不同而存在着一定的差异，并且具有多元性。受到社会性相互作用的影响，学生的知识建构也会发生变化。同时，学生间的交流能够发散学生的思维，使得其知识的建构也能从多个角度得到开发。教师在进行跨文化传播的英语教学时，不同语言和文化相互交融，能够让学生的知识体系、文化体系和价值体系在建构过程中吸收这些知识，并通过对不同真实情境的模拟教学来使其掌握正确应用英语的能力。

建构主义学习模式如图 3-5-1 所示。

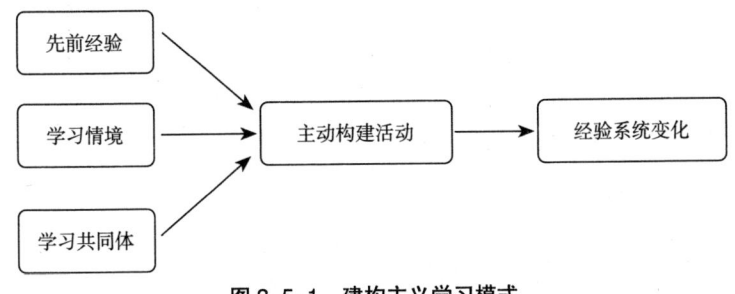

图 3-5-1　建构主义学习模式

（1）学习是认知结构的改变过程

建构主义认为个体的学习过程是一个双向建构的过程。学习过程主要涉及两种机制：同化和顺应。在这个过程中，新旧经验相互作用，而并非简单地输入、存储和提取知识信息。学生在学习新知识时，要从旧知识中提取与之一致的相关知识来同化新知识，同时要关注新旧知识之间的联系，如果出现冲突，则要想方设法进行调整、解决，并做出改变。

（2）学习是个体主动建构知识的过程

虽然不同的建构主义者有着不同的倾向，对学习也有不同的关注，有的对个体与物理环境的交互作用重点关心，有的则对个体与社会环境的相互作用较为关心，但是，在他们眼中，学习是一个意义建构的过程，知识建构都是以新旧知识经验的相互作用来进行的。

（3）学习环境设计的四大要素

学习环境设计有四大要素，分别是情境、意义构建、协作和对话。建构主义认为，学习者获取知识是在社会文化背景即一定的情境下，利用一些学习资料，在教师和学习伙伴的帮助下，通过意义建构的方式获得的，而不是由教师的传授获取的。

语言环境对于英语学习也是非常重要的。一门语言的学习必须要在语言环境中进行。在英语教学过程中，教师要努力创造英语学习的环境，用高科技媒介把英语教学通过动画、影视等动态逼真的形式展示给学生，使学生身临其境地感受英语语言的魅力。

（4）建构主义学习观在英语教学中的体现

建构主义学习观在英语教学中得到了比较好的体现，特别是多媒体技术的广泛运用，使得教师能够创设良好的英语语言环境，有利于学生的知识建构。大学生已经建立了自己的学习观，在进行英语学习和理解英语学科时，都会根据文化教育背景和经验来理解和建构新的知识和信息。也就是说，在学习中，学生不是被动地建构知识信息，而是主动地去学习和建构英语知识信息。学生对新的英语知识进行建构是建立在新旧知识经验相互作用的基础上的。

在课堂教学中，教学内容能够通过多媒体的运用，得到多层次、多维度的展现。对学生的语言运用能力的培养是英语教学应该关注的内容，而在教学中加入多媒体进行辅助恰好为学生的学习创设了合适的情境，能够让学生建立自信心，主动地进行英语知识意义的获得和建构。

二、建构主义理论下的探究式教学模式

（一）探究式教学模式的内涵

建构主义是在儿童认知发展理论的基础上产生的，是以学生为中心的知识意义的主动建构过程。学生是积极的知识建构的个体；教师在这个学习过程中要组织和引导学生的学习，帮助学生建构知识。这种理论思想和传统的学习理论是完全不同的，因此要求教学过程也要逐步改进，形成新的教学理论，开展探究式教学模式。

在现代化教学中，教学已经发生了转变，主要包含教师、学生、教材和多媒体四大要素。这四个要素在教学过程中互相联系但又发挥着完全不同的作用，这就构成了建构主义的探究式教学模式。传统教学以教师讲解课本为中心，学生被动地接受知识；而建构主义倡导的探究式教学模式以学习者高效、主动地在情境中学习为中心，教师在教学过程当中主要起指导和帮助的作用。

在 2007 年的《大学英语课程教学要求》和 2010 年的《国家中长期教育改革和发展规划纲要（2010—2020 年）》中都提到高校要充分利用现代信息技术，改进英语教学模式，体现出英语教学的实用性、知识性和趣味性；要调动教师和学生的双向积极性，在教学过程中以学生为主体，教师起到主导作用；要深化教育体制改革，创新人才培养模式。探究式教学模式也成为高校教育教学模式改革创新的主要途径，被运用到多种学科课程教学的实践中。英语教学积极倡导和推广这种教学模式，并取得了一定的成功经验。

探究式教学是以"自主、探究、合作"为特征的教与学的方式，学生对将要学习的课程内容知识在课前进行自主学习；在课堂上，教师组织学生以小组形式深入地对问题进行探讨、研究、沟通、交流，对知识进行巩固和理解，从而实现英语课程教学目标，达到学生认知方面和情感方面的双重提高。这就是高校探究式教学模式的内涵，具体体现在以下两个方面：

1. 认知目标的探究

英语课程课内认知的目标，就是在英语教学和学习中，教师在讲授英语新课程新知识的时候，要以学生现有的英语知识水平为基础，建构学生有效学习英语的基本知识框架，把学习内容引入某个具体的问题情境中，引导学生独立自主地学习英语。

2. 情感目标的探究

高校情感目标的探究，是要培养学生健康的情感、科学正确的价值观、优秀的思想道德，培养能适应现代化建设发展的具有综合素质的人才。我国现在正处在信息化和经济全球化的时代，网络信息化已经融入社会生活的各个方面，深刻地影响了人们的认识观念和生产生活方式。大学生的思想政治道德建设要与信息化时代相适应，贯彻落实"四个全面"战略思想。大学生思想道德教育是与时俱进、紧扣时代脉搏的教育，必须坚持正确的政治方向，强化马克思主义的价值引领，坚持"立德树人"的教学方向，培养具有中国特色社会主义现代化强国意识的接班人。大学生不仅要掌握必备的基础知识，要掌握专业的知识和技能，还要具有健康的职业理想、良好的职业道德，还要具有开辟实践创新能力和创业能力。

（二）探究式教学模式的特征

在深入了解探究式教学模式内涵的基础上，作者总结出了探究式教学模式的基本特征：发挥学生在学习过程中的主体地位和教师在教学过程中的主导作用，提高教和学的质量和效率。

1. 教师的主导作用

在高校英语课程教学的过程中，采用"自主、探究、合作"的探究式教学模式，要全面发挥教师在英语教学过程中的主导作用。在学生自主学习和探究的基础上，教师要激发学生的学习动机、指导组织学生学习、创设良好的课堂氛围并对学习过程进行探究性评价。

（1）激发学习动机

学习中的知识点是教学的中心，教学过程也是围绕知识点进行的。知识是人们对客观世界的总结和概括，而不是事实本身。因此，我们在面对具体的问题时，要根据问题所反映出来的实质来分析解决，根据现有的知识结构进行再加工创造。

这种知识观对教师和学生都提出了新的要求，反映到英语学习中，就是学习英语不能死记硬背单词和课文，不同的学习者根据知识水平的不同有着不同的英语学习方法。教师要根据教学目标和进度来激励学生主动参与教学过程，根据个性化的学生需求进行个性化的学习指导，使得学生在相互信任的学习气氛中投入到学习中去。

（2）组织学生学习

大学生已经建立了自己的学习观，在进行英语学习和理解英语学科时，都会根据自己的文化教育背景和经验来理解和建构新的知识和信息。也就是说，在学习中，学生不是被动地建构知识信息，而是主动地学习和建构自己的英语知识信息。

建构主义始终强调个体学习者的重要性，他们认为协作学习的重点是要以学生为中心，在学习获取新知识的过程中，学习者之间要进行必要的沟通协作，形成共同学习的知识建构，并进行最终的学习评价。

（3）设计学习环境

教师应当利用英语情境创设出有利于学生学习英语的环境，调动起英语学习者的热情，使学生能够主动积极地参与英语教学活动。

（4）探究评价过程

在英语课程探究性学习之后，教师还要进行评价和反馈。教师要积极引导学生在英语教学会话中进行平等的交流学习，帮助学生提高认识，帮助他们全面透彻、深入细致地学习和把握英语课程的内容。

2. 学生的主体地位

在实际的课内教学过程中，学生可以体现出主体地位的学习体验有以下几方面：一是自主学习英语课程相关的知识内容。二是探究发现英语学习的方法、技巧。三是在团体合作中体验学习的乐趣。四是积极参与课内学习。五是进行英语学习的自我评价。六是分享自己在英语学习中的观点和经验。七是知识总结。

(三)探究式教学模式的实施步骤

1. 创设情境

知识是在社会活动和文化背景等不同的情境下产生的。知识随着社会经济和科技的进步发展不断地升级，因此，我们在学习过程中对知识的学习要在相应的情境中进行。情境具有学习材料生活化和学习环境社会化的特点，只有在情境中获取知识，才能有效地解决实际问题。

教师要通过各种方法创设出与当前英语学习内容相关的情境，切入教学的主题，这样才能够激发学生的自主学习和自主探究的兴趣。创设情境包括设置用当前所学知识能够解决的问题，利用多媒体播放英语学习主题的学习视频，在教学中引入典型的案例，设计与学习内容相关的生活情境。

2. 启发思考

当学生进入教师创设的情境中进行学习的时候，教师要针对当前学习的知识点提出有启发性的问题，给出解决问题的学习资源、具体建议和认知工具，指导学生认真分析和思考这些问题，使他们结合创设的情境深入学习和掌握基础理论知识和英语学习技能，形成对当前所学知识的初步探究方案。学生在这样的课堂教学中，明确了当前的学习任务，提高了解决问题的能力，能够有效地完成课堂学习。

3. 自主学习

学生的自主学习是英语学习中的核心内容。在信息化背景下，学生可以利用多媒体信息技术获取相关的学习资源，自主探究与知识点相关的问题。随着互联网信息化时代的到来，各种网上教育培训也层出不穷地出现在我们的视野中，高校学生也有了更多的学习工具可以进行选择，如远程教育、网络课程、微课、各种手机应用软件学习资源等。学生的自主学习与探究活动一般包括以下步骤：利用网络学习工具收集信息，分析、加工和评价获得的信息，完成对所学知识的自主建构，记忆和深入理解所学知识，总结、探究所学知识。

4. 协作交流

在学生自主学习和探究的基础上，教师要组织学生进行集体讨论或者分组讨论，共享学习资源、学习策略和学习成果。教师还要提供协作交流的工具，指导和参与学生的讨论和交流，师生共同解决学习中出现的问题。学生要进一步深化认识，理解当前所学的知识，掌握更多的学习方法和技巧，增强学生的集体团队意识和集体荣誉感，增强合作意识，增强相互间的了解和认识。

协作交流教学过程是师生互动的过程，是学生之间共同学习、共同进步的过程。协作交流可以培养学生自主学习、合作学习的良好习惯，提升学生的整体素养，增强学生的社会责任感，使之形成正确的理想信念和良好的道德品质。

5. 总结提高

对课内学习的总结提高，是探究式教学模式实施的最后一个步骤。教师和学生都要对所学的知识和技能进行总结探究和提高认识，补充遗漏的知识点，使之达到教学目标的要求，提高学生的学习效果。

（1）教师总结内容

教师要点评学生的学习情况、拓展知识内容、创设拓展知识的相关情境并提出拓展问题，让学生利用已经学习的知识去解决具体的实际问题。

（2）学生总结内容

学生要对所学知识进行总结，总结在小组讨论中的问题，进行反思和自我评价，完成同学之间的相互评价，完成教师布置的拓展知识的问题、作品，完成教师布置的临时任务。

三、建构主义理论对英语阅读教学的启示

在英语学习中，阅读是主要任务之一，同时，人们获取知识的主要途径也是阅读。一个人的听、说、读、写等能力的发展会受到阅读理解能力的影响。读者在阅读中并不是简单地接收信息，处于被动状态，而是将文中的各种信息和个人的经验和知识相结合，形成一种推断或者认识，然后在阅读中努力证实或否定这些推断或认识。阅读的本质正是建构意义，阅读的过程正是建构意义变化的过程。

教师在英语阅读教学中应该对不同的文章进行有针对性的联系，帮助学生总结各种阅读策略和技巧，让学生能够把握文章的主旨大意，建构文章主题，同时对学生进行针对性的训练，培养他们总结、概括和综合理解的能力。

第四章　高校英语阅读教学方法与策略的创新

本章为高校英语阅读教学方法与策略的创新，主要介绍四个方面的内容，分别是体裁教学法、任务型教学法、问题式教学法、情景式教学法。

第一节 体裁教学法

一、体裁的内涵

"体裁"一词最早被运用在文学和修辞学等语言学研究领域。根据专业语言学和职业交际的发展,人们对体裁的研究越来越多,在研究体裁和体裁分析的基础之上,逐渐出现了体裁教学法。

对于体裁研究和体裁分析,不同的学者和学派有不同的观点(表4-1-1)。

表 4-1-1 有关体裁的不同观点

学派	代表人物	观点	体裁本质的共同之处
斯维尔斯学派	斯维尔斯	体裁是包括具有共同交际目的的一组交际事件	交际目的决定体裁的存在
	巴蒂亚	对斯维尔斯的体裁观点进一步阐述	
	秦秀白	体裁是一种可辨认的交际事件,交际目的是区分语篇体裁最重要的标准	体裁的常规性和制约性
		体裁是一组内部结构特征鲜明,高度约定俗成的交际事件	
		建构语篇时要遵循某种特定体裁所要求的惯例	同一体裁的语篇之间存在差异性
		在体裁规定的框架内传达个人的意图或交际目的	
澳大利亚学派	马丁	体裁与语场、语旨和语式这三个变量配置所产生的总体目标密切相关	交际目的决定体裁的存在
		体裁是一种有步骤的、以交际目的为导向的社会过程	
		语域和体裁本身都是隐含的符号系统,语域是情境语境,包含语场、语旨、语式三个变量;体裁是文化语境,由语域实现,语域又由语言实现	体裁的常规性和制约性
	哈森	体裁是语篇的类型,体裁的确定主要取决于语场	同一体裁的语篇之间存在差异性
		可以交换使用体裁、语域和语篇类型	

二、体裁教学法的概述

（一）体裁教学法的定义和特点

"体裁教学法是基于体裁分析基础之上，把体裁和体裁分析理论运用于课堂，围绕语篇的图式结构而开展教学活动的一种方法。"[①] 体裁教学法是建立在对语篇体裁分析的基础之上的，在课堂教学中运用体裁和体裁分析理论、围绕语篇的图式结构进行教学活动。基于体裁教学法的定义，这种教学法有三个特点：一是体裁不同的语篇有着不同的篇章结构和交际目的。二是语篇是一种社会意义的建构。三是语篇的图式结构和建构过程能够帮助学生理解语篇意义，从而达到语篇写作要求。因此，教师要在课堂教学过程中让学生充分了解和认识语篇的体裁分析。

（二）体裁教学法的流派

体裁教学法在国外主要有三个流派（表4-1-2）：

表4-1-2　体裁教学法的流派

流派	主要内容
ESP 和 EAP 领域	引导学生掌握语篇的文体特征、语篇的谋篇、语篇的布局、语篇分析的出发点
新修辞学派	帮助人们了解特定体裁的使用场合和社会功能
澳大利亚学派	师生共同参与教学活动，指导学生的写作实践

（三）体裁教学法在阅读教学中的运用

把体裁教学法运用到阅读教学中，可以引导学生分析特定阅读体裁的语篇结构，在阅读理解的教学活动中充分利用体裁分析的方法，能够增强学生的阅读技巧，提高学生的阅读速度。

[①] 李红梅. 体裁教学法在大学英语阅读教学中的应用研究[J]. 山东外语教学，2005（01）：60-63.

体裁教学法运用到阅读教学中的主要教学步骤如图 4-1-1 所示。

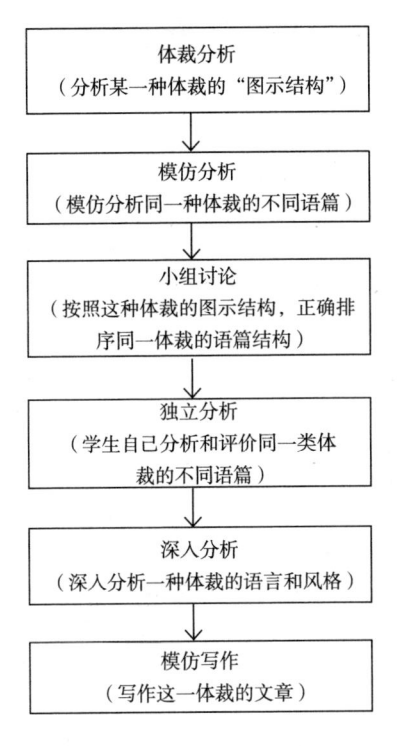

```
┌─────────────────────────────┐
│         体裁分析             │
│ （分析某一种体裁的"图示结构"）│
└─────────────┬───────────────┘
              ↓
┌─────────────────────────────┐
│         模仿分析             │
│ （模仿分析同一种体裁的不同语篇）│
└─────────────┬───────────────┘
              ↓
┌─────────────────────────────┐
│         小组讨论             │
│ （按照这种体裁的图示结构，正确排│
│   序同一体裁的语篇结构）      │
└─────────────┬───────────────┘
              ↓
┌─────────────────────────────┐
│         独立分析             │
│ （学生自己分析和评价同一类体  │
│   裁的不同语篇）             │
└─────────────┬───────────────┘
              ↓
┌─────────────────────────────┐
│         深入分析             │
│ （深入分析一种体裁的语言和风格）│
└─────────────┬───────────────┘
              ↓
┌─────────────────────────────┐
│         模仿写作             │
│ （写作这一体裁的文章）        │
└─────────────────────────────┘
```

图 4-1-1　运用体裁教学法的阅读教学步骤

大学生已经具备了一定的英语词汇、语法知识和基本的语篇结构知识，因此在对大学生的英语阅读教学中，教师应该充分运用体裁教学法，使学生能分辨出阅读文章的体裁，了解不同体裁的文章有着不同的要素、不同的语言风格、不同的语篇结构和不同的交际目的。这样学生在阅读同类型体裁的文章时就会有这种体裁的图式结构，可以充满自信地进入阅读状态，提高英语阅读效率。

教师运用体裁教学法进行英语阅读教学，能够使学生掌握相对稳定的、可以借鉴的语篇模式，从而增加其阅读同类体裁语篇的信心，提高其阅读理解能力和阅读速度。

第二节 任务型教学法

一、任务型教学理论的概述

"任务型教学法"（Task-based Language Teaching）是 20 世纪 80 年代外语教学研究者经过大量实践和研究总结出的具有重大影响意义的语言教学模式，也是目前不少国家和地区比较盛行的一种语言教学方法。该教学法在我国外语界已经受到了很多人的关注。

不同学者对"任务"的定义和理解不尽相同，有的观点甚至相去甚远。我国语言学家龚亚夫教授将以上学者分为"广义任务派"和"狭义任务派"。"狭义任务派"认为，任务活动所谋求的效果不是一种机械的语言训练，而是侧重在执行任务中，学生自我完成任务的能力和策略的培养，任务必须有一个看得见的结果。广义任务派对任务的界定要宽泛得多。他们认为很多活动都可以称为"任务"，甚至是机械的语法操练活动以及让学生理解新的语法结构都可以算作任务。

二、任务型教学模式的特点和目标

（一）任务型教学模式的特点

任务型教学方式被应用于英语教学活动中，在目前阶段主要有以下几个特点：一是注重教学的意义，教学活动开展更贴近自然。二是任务的亮点是针对某一教学任务的，这种教学任务源于现实生活，更贴近生活，能够调动课堂氛围，其教学内容可以给学生留下深刻印象。三是任务学习的设计要注意后期任务的完成情况，只有合理完成任务才是任务学习的主要标志。换言之，任务型教学是把任务当作课堂语言学习的一种活动，课堂中所涉及的语言活动非常接近自然。课堂任务型教学的优势是能够解决英语知识的实际问题，即交际问题。交际问题大多贴近生活和实际，能够让学生产生兴趣，积极主动地去学习和探究。另外，任务型教学模式更重视的是任务是否完成以及完成的具体情况。

（二）任务型教学模式的目标

英语的教学目标是培养学生的阅读理解能力和英语素质。教师是指导者和督促者。任务型教学可以逐步活跃课堂氛围，推进学生阅读的进程，增强师生间和生生间的活动和互助，让学生在阅读过程中，能够保持进取的状态，高效完成英语阅读的教学目标。

首先，任务型阅读教学选择的目标是从学生的生活中获取的，要让学生接触较新的文献阅读，始终让学生保持语言学习的新鲜感，使学生在紧张的学习压力环境中乐意主动探索、结合实际，养成个人学习习惯，培养思维能力，产生良好的阅读情感，愿意并积极投入英语任务型阅读当中。其次，教师要以促进者、答疑者和向导的角色进入阅读教学中，控制课堂气氛，既不能死气沉沉，"各自为政"，也不能一片混乱，无纪律可言，要以灵活多样的方式开展教学任务。

三、英语阅读课任务设计的原则

"任务型教学方法是以任务为衔接点，其在大学英语阅读课堂中的应用，应规划好各个阶段的阅读任务，用任务引起学生阅读的好奇心以及明确自身的阅读目的，激发学生课堂学习参与性。"[1]

（一）以学生为主体原则

学生是语言活动的中心网。教学的目的是让学生掌握运用目的语言进行交际的能力。所以，教学活动的设计要以学生为主体，培养学生的语言技能，启发学生进行创新思维，使学生能够在语言操练过程中总结适合自己的学习方法。学生最了解整个英语学习的过程是怎么样的，因为经历学习过程的是学生。教师的作用就是自始至终围绕着学生的学习过程并为其服务。任务型教学模式以课堂交际活动为主，课堂交际模式的建立和维持在很大程度上取决于学生对交际范围的认识。教师要关注学生的情绪，营造宽松、民主、和谐的教学氛围。在课堂上，学生的参与是教师对学生了解的一种方式，这种了解远重于教师对学生语言的"对"

---

[1] 熊毓红. 任务型教学法在大学英语阅读教学中的课堂实践[J]. 产业与科技论坛，2020，19（02）：155-156.

与"错"的判定。在任务型课堂教学模式下，课堂已变成了一个社会交际的场所，生与生、师与生之间存在一种宽松、民主、和谐的情感氛围，有利于习得语言。

（二）阶梯性任务设计原则

在任务型教学模式中，新设计的任务应由简到繁、由易到难、前后相连、层层深入，形成由初级任务到高级任务，再由高级任务涵盖初级任务的循环，并由数个微型任务构成"任务链"，只有真正地通过了这种难易适中的任务链，学生才能顺利地完成学习任务。

教师设计任务应结合教材的重点和难点，由易到难，层层递进，并由一个任务到数个任务，使各项任务有机连接起来。教师在授课时逐步提出阅读任务，让学生有充分的阅读时间来达成不同的阅读目标，这有利于步步深入培养学生的语言能力，这种具有层次性的任务设计既能锻炼学生的各项语言能力又能充分体现语言学习的规律：从词到句，再到篇，既学习了语言知识又掌握了语言技能。

（三）语用导向原则

语法教学的目的不只是教学生语法规则、语言形式和句型，还要使学生能够正确地运用语言进行交际，即达到"语用"的目的。"语用"包括社会语境、语篇语境和对语篇的设想。语法教学情景化就是先谈语言功能，再做结构练习。"语用"体现了学生在做中学的习得原理，使学生积极主动地参与教学活动，在互动的过程中，提高了学生的解决问题的能力，促进了师生共同发展。

任务的设计要有助于学生对语言知识的学习、对语言技能的掌握，最终提高学生的语言运用能力。教师在英语阅读课中所设计的活动应积极促进英语学科与其他学科的相互浸透和联系，这样可以培养学生的想象力、审美意识、艺术修养，并发展他们的实践、合作和创新等能力。

（四）多样性原则

任务要根据阅读课的教学目标、教学重点和难点而设计，因此每堂课的任务形式应多元化。读前、读中和读后的任务设计可以采用提问式、采访式、讨论式、表演式、表格式、写作式和畅想式等，这些任务既有利于学生对自己语言的不足有更清楚的认识，同时也可以丰富学生的想象力、启迪学生思维、激发学生的学习热情，提高学生综合运用语言的能力。

四、任务型阅读教学案例

（一）案例概述

《现代大学英语精读》教材中有一个教学单元的学习主题是美国影片《十二怒汉》，我们就以这个影片的教学实施过程作为教学设计的案例，针对此部电影的教学目标、教学内容、教学流程和教学评价等教学环节进行详细介绍。

影片取材于作为陪审员的作者一次真实的审判经历。电影主要讲述了一个男孩儿如何在"有罪"的情况下经过8号陪审团的努力被判定为"无罪"的过程。这个男孩儿的亲生父亲被谋杀，而男孩儿被陪审团的大部分成员指控是凶手，在8号陪审团成员和整个陪审团激烈争辩后，最终男孩儿被释放。这个剧本在1954年发表的时候就获得了很大反响，获得当年的"艾美奖"。该剧本在1957年被拍成了电影上映，票房爆满。影片由当时美国著名演员亨利·方达主演，他也获得了巨大成功。该影片获得包括最佳影片和最佳剧本等多项奥斯卡奖项的提名。1997年，好莱坞重新翻拍了该剧，让观众再次领略了大师的经典之作。

（二）教学过程

本教学单元使用的教学影片是1957年版的《十二怒汉》。在阅读教学系统设计的过程中，教师根据当前的教学目标和教学内容的不同阶段任务设计教学流程，课程设计的出发点和教学目标通过课前、课堂、课后三个阶段的输出任务逐步实现，也适应了学生学习的需求。

1. 课前任务

为了更好地学习电影中的法律相关的英语语言环境和教学内容，让学生在课堂中能顺畅地看懂电影中的法律用语和法律相关条款内容，了解影片中的主要人物、人物关系和主要剧情，教师在课前要求学生完成如下任务：利用互联网阅读影片的故事简介；观看教学平台上的教学影片；认真阅读教师布置的作业，并及时完成书面作业；阅读影片相关的文本材料，如经典电影台词、电影创作的背景、作者简介和电影主题相关的报道等。

学生要在规定的课前任务时间内上交书面作业或者在线提交。教师要对提交的作业完成情况和作业质量做出评价，给出反馈意见，并在一定的时间内公布输出任务的答案，方便学生更好地学习影片的专业英语知识，了解法律的常用语。

教师可以布置如下几项作业：

① List those words and expressions frequently found in court trial（first in English, and then translate them into Chinese）.（列出在法庭上常见的词汇和短语，并完成英译汉。）

② Identify and classify the evidence that has been presented in court against the boy charged with murdering his father.（识别并分别列出男孩儿在法庭上被指控谋杀父亲的证据。）

③ Work out, according to the order of time, the list of the numbers of those jurors who gradually changed their vote to "not guilty"; And figure out the major reasons for their changes in the votes.（按照时间顺序，列出陪审员审判男孩儿"无罪"的证据和理由。）

④ Give character sketches of the twelve jurors for the trial of the boy.（提供为男孩儿陪审的十二位陪审员的人物简介。）

以上面的第一项作业为例，教师在学生总结出电影中有关庭审的常用词汇和短语之后，可以在 Blackboard 在线教学平台上发布以下文字参考材料，帮助学生在观看中掌握电影中的语言。

有关庭审的词汇：

a criminal court 刑事法庭

a civil court 民事法庭

children's court 儿童法庭

a criminal case 刑事案件

a civil case 民事案件

reform school 教养院

jail/prison 监狱

the prosecutor 检察官，公诉人

the plaintiff（民事案件）原告人

the prosecution 原告及其代理律师；代表原告的律师

the lawyer/counselor/attorney 律师

the accused/defendant 被告人

the defense lawyer 辩护律师

the injured party/victim 受害方，被害人

the judge 法官

to hang the jury 使陪审团无效

to declare a hung jury 宣布陪审团无效

witness/eyewitness 证人／目击者

the eyewitness to the murder 凶杀案的目击者

coroner 法医

testimony 证词

evidence 证据，证物

to commit a crime 犯罪

to accuse sb. of certain crime 控告某人犯某罪

to charge sb. with certain crime 控告某人犯某罪

to prosecute sb. for certain crime 控告某人犯某罪

to bring a prosecution against sb. 对……提起诉讼，控告某人

to be on trial 被审判

to defend sb. 为……辩护

to testify 作证

to give/present evidence 呈上证据

to conduct a cross-examination 进行交叉盘问

to identify the death weapon in court 当庭指认杀人凶器

to present the verdict（陪审团）呈送裁决

to give the sentence 宣判量刑

to be guilty of 犯……罪

to be innocent of 没有犯……罪

to be set free 被无罪释放

to be acquitted 被无罪释放

to be sent to prison 被判入狱服刑

to serve a jail term 监狱服刑

to be sentenced to death 被判处死刑

to be put in the chair 被判处死刑（以电椅处死）

manslaughter 一般杀人罪，过失杀人罪

first-degree murder 一级谋杀罪，故意杀人罪

2. 课堂任务

在课堂上，教师引导学生对电影的内容和主题展开讲解和讨论，上课形式包括对电影片段进行分角色配音和表演、有准备的口头报告等。例如，口头报告的内容包括以下三个方面：一是介绍电影的主题和创作背景；二是介绍美国司法体系中的陪审团制度；三是以"疑罪从无"的法律适用原则为切入点，评价陪审团制度的利与弊。

教师可以指导学生完成口头报告，可以要求学生在教学平台上观看事先录制好、上传的多媒体音像资料，也可以按照口头报告的具体内容阅读相关的英文文本资料。学生可以通过多元化的网络资源查找一些相关的背景知识，以便更好地了解影片中的法律专业术语和行为。

口头报告的设计可以由学生独立完成，也可以小组的形式协作完成。报告的主题只有一个，围绕主题可以展开生成一系列的小标题、小主题，教师可以让学生们分工搜集资料，这样就能调动学生学习的主动积极性。分工协作的方式可以让学生在其中找到自己存在的价值，培养学生的集体主义精神。

在分头搜集阅读资料、协作完成整个口头报告的过程中，学生就会对美国的司法体系有所了解，了解美国司法体系中陪审团制度的形成过程、主要形式和主

要工作内容，分析认识陪审团制度的优势和弊端，从而对美国的陪审团制度和司法体系的形成进行系统、全面和深刻的认识和了解。

例如，为了系统了解美国的陪审团制度，学生就以下问题进行了输入性的学习。

① Selection of jurors in the U.s.（在美国挑选陪审员。）

② Major principles of the U.S.court system.（美国法院系统的主要原则。）

③ Interpretation of the principle——"The accused is deemed innocent until and unless proved guilty beyond a reasonable doubt".（对原则的解释——"除非排除合理怀疑被证明有罪，被告被视为无罪"。）

此外，学生还了解到美国司法程序中的重要原则，包括以下内容：

① The accused is deemed innocent until and unless proved guilty beyond a reasonable doubt（疑罪从无）.

② The burden of proof is on the prosecutor（主张者举证）.

③ In most cases, the verdict has to be unanimously reached among all the jurors, and the majority of a jury is not sufficient to find a defendant guilty of a felony（在重大案件的审理过程中陪审团成员只有达成一致意见时，即一致认定被告"有罪"或"无罪"时，陪审团做出的裁决方为有效）.

④ A trial does not aim at finding who committed a particular crime, but rather the innocence or guilt of the accused（陪审团就案件只做有罪／无罪的判定，不判定犯下何种罪）.

在此基础上，学生重点了解和认识了美国法律体系中一个重要的法律适用原则，即"The accused is deemed innocent until and unless proved guilty beyond a reasonable doubt（疑罪从无）"。

3. 课后任务

在课堂上完成教学任务后，教师在课后还要督促学生做进一步的分析和反思，回忆电影中的情节和细节，对电影主题反映出来的美国法律条文和陪审团制度进行反思。学生可以在 Blackboard 教学平台上参与在线讨论活动，完成教师发布的在线写作任务。

在本单元的教学课后习题中有一个英文写作，以影片中体现出来的"疑罪从无"原则为切入点，比较和分析中国和美国司法体系的不同之处。教师和学生在教学平台上阅读了以下的文字材料。

Before turning to the specific provision（条文，条款）of Chinese criminal procedure, it is worth noting some fundamental differences in approach between Chinese and American jurisprudence（法学，法律学）. First, from the Chinese perspective, whether or not someone has committed a crime is a matter of ascertainable（可以查明的）fact.（在谈到中国刑事诉讼的具体规定之前，值得注意的是中美法学在方法上的一些根本差异。首先，从中国人的角度来看，是否有人犯罪是一个可以确定的事实问题。）

In contrast, the American system acknowledges the inherent weakness of human beings to ascertain objective truth. The goal of our system is to create a set of rules that help us come as close as possible to determining the truth, but we acknowledge that some measure of uncertainty is inevitable. Thus, we have determined that all reasonable doubt should be resolved in favor of the accused.（相比之下，美国的制度承认人类在确定客观真相方面的固有弱点。我们系统的目标是创建一套规则，帮助我们尽可能接近确定真相，但我们承认，某种程度的不确定性是不可避免的。因此，我们决定，所有合理的怀疑都应该以有利于被告的方式解决。）

In the American experience, there is a difference between factual guilt or innocence and legal guilt or innocence. Someone may be factually guilty of an offense but, unless twelve jurors unanimously agree that the prosecution has proven guilt beyond a reasonable doubt, the defendant is not guilty under the law. In some cases, the evidence may seem as plain as a video tape, but we leave it to a properly instructed jury to decide what facts have been proven.（根据美国人的经验，事实有罪或无罪与法律有罪或无罪之间是有区别的，有些人可能事实上犯了罪，但除非十二名陪审员一致同意检方已证明有罪，排除合理怀疑，否则根据法律，被告无罪。在某些情况下，证据可能看起来像录像带一样简单，但我们把它留给经过适当指示的陪审团来决定哪些事实已经被证明。）

From the Chinese perspective, at least as reflected in China's criminal procedure code（法典，法规）, the facts are ascertainable and the rules of criminal procedure are simply a means by which those facts will be disclosed. Any rule that promotes conflict or detracts from the tribunal's（法庭的）ability to render an uncontested（毫无疑义的）verdict is discouraged. This bedrock（基本的）principle colors（影响）every facet of Chinese criminal justice.（从中国的角度来看，至少正如中国的刑事诉讼法所反映的那样，事实是可以确定的，刑事诉讼规则只是披露这些事实的一种手段。任何助长冲突或削弱法庭作出无争议裁决能力的规则都是不鼓励的。这一基本原则涵盖了中国刑事司法的方方面面。）

在学生对以上的文字材料深入学习、了解和掌握之后，学生可以围绕下面的两个问题展开叙述，完成课后写作。

① Do you think the police and judges can objectively know someone is guilty? Or is there always some doubt when people disagree? Why?（你认为警察和法官可以客观地知道某人有罪吗？还是当人们不同意时总是有一些怀疑？为什么？）

② Please make comments based on the reading material given to you on the difference between the U.S. and the Chinese legal systems from the perspective of the principle—"The accused is deemed innocent until and unless proved guilty beyond a reasonable doubt".（请你根据给出的阅读材料，从"除非在排除合理怀疑的情况下被证明有罪"的原则出发，就美国和中国法律制度之间的差异发表评论。）

学生在阅读完文字材料后，在上面两条问题的指引下，就可以轻松地完成课后的写作，这个单元的教学任务就圆满完成了。但是，为了更好地完成上面的写作任务，也为了在此基础上进一步拓展对上述问题的认识与思考，教师还需向学生推荐其他拓展性的在线阅读材料和多媒体数字音像资料，供学生自主地学习和使用。这样一来，就使得那些对这一主题颇感兴趣，又有时间和精力的学生可以在这个问题上进行更深入的探究和思考。

第三节 问题式教学法

一、问题式教学法的基本认识

（一）问题教学法符合人的思维方式和心理活动规律

从人类的发展史上看，人类社会之所以能够存在并不断进步，恰恰在于人类对于问题答案的渴求。人从一诞生起，就以好奇、究问的眼光环视着周围的世界。为什么白天、黑夜轮转？为什么会有风雨雷电？……人的一生，以至整个人类历史，都充斥着这样一个又一个的"为什么"。人类社会就在不断地发现问题、研究问题、解决问题中生存和发展下去，人类大脑的思维也从简单到复杂的询问中逐渐地成熟和完善。由此不难看出，提问是人类思维的固有特性。而这种特性必然影响人的心理活动，从而产生与之相适应的心理活动特征，即人对问题的敏感性要高于对一般性陈述的反映。这在生活中很容易就能找到例证。例如，在列车上，甲、乙两个陌生人无言对座。甲说："要下雨了。"这并不必然使乙答话，因为乙会认为甲可能只是自言自语。而如果甲这样说："要下雨了，是吗？"这时乙的注意力就必然集中到这个问题上来，可能会看一看窗外，然后作出一个回答。这个例子充分体现出陈述与提问的区别——提问更能提高人的注意力。事实上，在生活中的许多方面，人们已经开始注意到提问的重要性。比如，演讲者往往以提问打开话题，营销员也总是以提问拉近与对方的距离等。

在教学中，教师运用提问方法引导学生思考，在解决问题的过程中传授知识，这完全符合人类的思维方式和心理活动的特点。

（二）问题式教学法的问题与实施

我们的教学在提问方式上存在一定问题，教师提问缺少"悬念"，问题之间缺少层次感。另外，教师提问"以我为主"，缺少让学生思考、发问的时空和氛围。教师设计形形色色的问题，学生简单机械地回答。表面上似乎以教师为主导，以学生为主体，但其实质是教师设计好了问题，用"提问"这个吊钩拉着学生朝里钻，学生的主动性又从何而言呢？在教学方法上，有许多教师在孜孜不倦地探索如何把自己的知识更多、更准确地传授给学生，如何使自己的课讲得更生动、更精彩。作为现代素质教育的一分子，教师不能只停留于自己的教，更重要还应该探索如何使学生会学和学会，而其中的一个标志是学生会不会问。营造一个"问题"环境，让学生知道问什么、怎么问，让学生"问出一片新天空"，这是非常重要的一点。教师要利用学生提出的问题，引导学生相互解疑。学生讨论时要容许学生发展、验证他们自己的猜想和结论，切忌轻易肯定或否定学生的猜想。这样能使他们对错误认识比较清楚，培养学生独立思考的学风，使每个学生都拥有自己的一片思维空间，真正体现学生自主探究的过程，也给学生展示个性的机会。

二、问题式教学法的实施步骤

（一）创设情境，提出问题

在教学时，教师应重视创设问题情境，让学生感受问题、发现问题、提出问题。教师可从以下几个方面诱导学生寻找问题并提出问题：在教师创设的情境中寻找问题，在课题上寻找问题，在知识的生长点上寻找问题，在课本结语处寻找问题，在新旧知识异同点上寻找问题，在知识应用上寻找问题，在解题策略多样性上寻找问题等。同时，教师还要诱导学生提出有价值的问题，启发学生积极思维，诱导学生主动探索。创设具有生活气息、难易适度、贴近学生认知水平的开放性问题情境，是引导学生主动探究的关键。通过观察汇报，营造学生想提出问题的心理倾向，为本节课要研究的问题提供认知的基础，激发学生的求知欲望，焕发学生的主体意识，为学生自主探索、解决问题营造氛围。

（二）自主探究，分析问题

提出问题并不等于分析解决问题，还必须引导学生自主探究、研究信息，分析问题，为解决问题打下坚实基础。应做到以下两点：

1.创设自主探究的氛围

提供给学生广阔的时间和空间,让学生自主、自由地活动,焕发主体意识,变传统被动的接受式学习为积极、主动探究式的学习。

2.创设一个实践活动环境

让学生动手实践,培养学生手脑结合的能力,使学生在主动参与知识的形成过程中学会新知。

(三)合作交流,解决问题

①在这一过程中,教师要参与各小组的活动,及时收集信息,适时引导调控。

②学生个人或小组针对问题进行自主探究,可以采用讨论或实验或举例验证等方式,进而逐步得出结论。

③教师收集学生存在的共性问题、疑难问题、核心问题、难点问题,组织学生汇报、讨论、交流。

(四)实践应用,深化问题

在自主探究、解决问题的基础上,学生要运用所学知识,解决一些日常生活中的实际问题,不仅巩固所学新知的理解和掌握,还把新知纳入已有的认知结构中,使问题进一步升华,在完善认知结构的过程中不断求异创新。在这一环节中,教师既要安排一些基本题,让学生用已掌握的知识进行解答,以达到巩固应用的目的;也要安排一些发展性习题,让学生从不同角度灵活运用已有的知识解决问题,以拓展学生的思维,同时也可以引导学生由课内向课外延伸,学以致用,解决一些生活中的实际问题,以培养学生的应用意识,结合学生的知识、能力的差异,组织学生分层练习。

三、问题式教学法在高校英语阅读教学中的实践

(一)问题创设阶段

问题式阅读教学始于问题创设,关键也在于问题创设。设计真实的、复杂的、

有讨论余地的、具有情境化的问题是整个问题式阅读教学设计的核心。问题的设计不但要关注学生在真实场景下的语言运用能力，还要关注融合可迁移的项目研究技能的获得和合作沟通的技能，如质疑问题的能力、文献检索的能力、文献评判分析的能力、实施项目调查研究的能力、团队协作的能力、成果分享陈述的能力等。

（二）小组协作阶段

在每次课堂教学中，学生均可根据自己擅长的模块自由组合。分组前，一般要避免学生同质化倾向，小组人数以 4～5 人为宜。问题创设后，学生在第二课堂开展资料查阅。资料查阅不能局限于图书馆文字资料，图片、视频、文献、网页都要统筹安排。小组成员的兴趣特长各异，所以分工一般各不相同。每个小组成员首先完成自己擅长的模块，然后进行整合。

（三）课堂讨论展示阶段

学生在课外完成分析问题、查阅资料、解决问题之后，重要环节就是就所研究的问题解决方案进行课堂总结、发言和展示。课堂讨论要求学生互相质疑、交互，教师也可以进行及时补充。学生在展示阶段可能面临新的问题，从而促使其展开新一轮的资料查证、讨论、总结的小循环。学生发现新问题、解决新问题非常有助于学生创新思维的培养和锻炼。

（四）教师点评和总结阶段

教师要在讨论成熟之后及时总结点评，应该注重问题解决的程序是否合理，结论有无可借鉴之处，学生认知结构是否完善，团队协作是否成功，是否达成了问题创设预期的知识目标，包括项目知识目标、技能目标、合作沟通目标和学习能力目标等，而不是仅仅关注学生是否给出了最好的答案，甚至是唯一的答案。建构主义认为，学习是学习者主动建构知识的过程，学生只有在"做中学，学中做"，对这一过程反复操练，才能不断完善知识结构和认知体系，实现知识的内化。

第四节 情景式教学法

一、情景教学法的定义

自从情景教学法传入中国，我国的专家和学者便对情景教学法进行了研究。于瑶[1]认为，情景教学法的定义主要源于弗斯的语言学理论，即语言根据言语背景和上下文来寻求意义。

为了调动学生学习的热情，改善教学效果，一些从事教学的一线教师也开始对情景教学法进行探索。他们普遍认为情景教学法是根据教学目的和教学内容创设出的一种色彩鲜活的情景，能够激发学生的学习热情、调动学生的积极性，通过分析问题和解决问题，提高学生的思维能力，从而实现教学目的。它的核心主要是引起学生的情感体验。关于情景教学法，很多相关专家与学者都有自己的看法，英国学者霍恩比（Hornby）认为，情景教学法就是教师在教学的过程中，有目的地创造一种生动形象的教学场景，从而增加学生学习的兴趣，使学生更好地学习知识、发展技能。国内一些学者[2]认为，情景教学法是指在教学过程中为了达到既定的教学目的，从教学需要出发创造或创设具有一定情绪色彩的生动具体的场景以引起学生的情感体验，从而帮助学生理解教材并使学生的心理机能全面和谐发展的教学方法，其核心是激发学生的情感。

二、情景教学法的特点

在传统的英语课堂上，教师总是把讲台当成教师传授具体的知识点与语法知识的一个舞台，其目的是让学生能够在考试中取得一个较为理想的分数。但是，在当前课程改革的时代背景之下，教师开始注重高效课堂的构建，注重学生英语素养和综合能力的提升，情景教学法正是在这一需求的基础上逐渐发展起来的。

情景教学，是指教师在课堂上要利用一切可以利用的条件，给学生创设一种

---

[1] 于瑶. 情景教学法在英语教学中的应用[J]. 金融理论与教学，2003（1）：66-68.
[2] 钟信跃. 高中英语情景教学的研究与实践[J]. 教学与管理：理论版，2005（08）：82-84.

与学习内容相关、相似的教学情景，使学生能够氤氲在适宜的氛围中，把英语学习当成一种自然熏陶，在潜移默化中润物无声地成长，而不像在传统课堂上那样被动地、机械地接受教师具体知识的灌输。这样的学习方法较为高效，能够提升学生的整体素养，提升学生的交际能力和创新精神。

情景教学的特点如下：

①随着信息技术的飞速发展，电子计算机技术对于英语课堂的影响是革命性的，尤其在情景教学方面，它在课堂上给学生创设了声光电等多种感官刺激的五彩缤纷的世界，极大地鼓舞了学生的学习兴趣和欲望，优化了课堂教学效果。

②教师在情景教学过程中的角色发生了很大的变化，不再是传统意义上的课堂主宰者，更多的是给学生示范，然后让学生在具体情景中感知、讨论、学习，教师在其中穿针引线，有效引领和推动。

③将学生的主体地位落在实处，在真正意义上将学生的主动探究和主动学习摆在首位，注重学习过程，淡化学习结果，升华学生素养，淡化考试成绩。作为学生素质的一个重要体现，学生的成绩并不会受到太大的影响。

三、情景教学法在英语阅读教学中的作用

（一）有助于营造良好的课堂氛围

教师根据教学内容与教学目的，有意识地创设出一种色彩鲜活的情景，不仅可以调动学生学习的积极性、激发学生的学习热情，还可以通过问题的分析和问题的解决，有效培养学生的思维能力。在英语阅读教学中，教师运用情景教学法为学生创造与学生日常生活息息相关的情景，可以有效避免英语阅读课堂的枯燥，使学生身处活跃的英语语言交流情景中，创造轻松愉悦的课堂氛围，使学生身临其境，不自觉地参与课堂教学活动，激发学生学习英语的兴趣，从而提高教学质量。对于英语这门语言性学科来说，学生不仅需要掌握必要的语言基础知识，还要有很强的实际运用能力，即英语交际能力。教师创设情景，有助于学生更好地理解英语、学好英语。无论是哪一种情景，都能够带给学生有力的冲击，从而有效地激发学生的求知欲望，提高学生的积极性。

（二）有助于弥补英语阅读教学的短板

情景教学法，是指教师在授课的过程中，以某种情景作为学生的学习背景或环境，引导学生在这种环境下完成学习目标。目前的英语阅读教学仍主要以阅读理解题目的完成和英语文章的语篇理解为主。大多数教师在教学过程中都重视语词教学，却忽视了英语本身的文化价值，不利于学生对全篇内容的理解。而情景教学法强调学习环境的营造，其中就包括语言文化环境的创设。因此说，情景教学法能够弥补英语阅读教学的短板，是值得英语教师尝试和实践的课程。

（三）有助于提升英语教学的有效性

随着英语教学的不断深化，阅读教学虽然取得了一定的进步，但始终是英语教学中的难点，这是因为学生的阅读水平上升需要长期的英语单词、语法等知识的积累和不断的练习。从英语教学的整体来看，阅读教学的有效性是比较难提升的，即教师和学生要花费很长的时间才能获得较小的教学成果。情景对学生的学习兴趣、学习态度有影响，也能够影响教学内容的表现形式。这意味着在阅读教学过程中，教师和学生只需花费较少的精力，就能够维持较高的学习热情，并且使教学内容的展示效率更高，这有助于提高教学有效性，使阅读教学发展更快。

四、情景式教学法在高校英语阅读教学中的实践

（一）创设课前 5 分钟演讲情景

教师在组织课前 5 分钟演讲时，不应该采取统一的模式，而要针对不同层次的学生采用不同的方式。针对大一新生，教师可安排学习成绩好的、发音准确的学生，让他们在课前准备好，模拟内容可自选，如天气预报、新闻摘要、学习生活、祖国家乡等。由于材料内容熟悉，加之可以自己动手设计演讲情景，这样可以消除学生上讲台时的紧张心理。对于学习较差的学生，教师需要在课下进行个别辅导，先听一遍，纠正学生不正确的发音，并鼓励学生要充满信心。在模拟演讲时，教师可以事先把部分生词写在黑板上，这样不仅可提示演讲者，而且还可以帮助全班学生理解演讲的内容。在演讲结束后，演讲者可以就所听的内容向其

他学生提出问题，或反过来由其他学生向演讲者提出问题，也可以由教师对演讲者所讲的内容进行点评。逐渐地，学生的紧张心理消除了，他们的会话能力也就越来越强。

（二）课文情景模拟再现

情景教学法应用于英语课堂的另一种模式是为课堂营造一种愉快、轻松的学习气氛，使阅读不再是英语教学中的难点，而是学习过程中的乐趣所在。一旦学生接受并且愿意在这种气氛中进行学习，学生的学习心理就会产生根本性的转变，他们在阅读学习中能够花费比较少的精力，而获得较大的收获。游戏教学方法是能够为英语阅读教学营造轻松氛围的方法。教师在课堂上可以让学生进行英语接龙游戏、英语话剧表演等。这类有趣的小活动能够激发学生学习的积极性和热情。在课堂中，学生应积极踊跃地参与教师安排的课堂活动，主动展示自我，给自己创造展示的机会，既能锻炼英语口语能力，又能提升素质，培养自信心。

（三）户外情景模式

教师在进行英语教学的过程中，也可以尝试放下教材走出课堂，去体验一下户外生活，利用自然环境刺激学生，使他们形成不一样的感受和体会，并运用所学的英语知识在无意识的情况下进行真实情景模拟。例如，教师可以带学生走出教学楼，去校园里，根据校园里随机发生的事情，利用户外的景物和工具进行英文模拟，使得英语知识由抽象变形象，加深学生的印象和理解。

（四）创设竞赛活动情景

为了使英语教学真正成为师生间的、同学间的语言双边活动，让全班每个学生都能得到并且拥有情景模拟的机会，教师可以将全班学生分成若干小组，每个小组由5~8人组成，各个小组可根据每组成员的学习状况和男女生人数进行划分。教师可在上课前将模拟的阅读内容分别写在事先准备好的小纸条上，然后让各组代表抽签，再给每个小组3~5分钟或更长的讨论时间。在讨论结束后，各组选派代表到讲台前按纸条上的内容进行模拟。这种模拟在小组内轮流进行，使每个学生都有实践的机会。这种分组讨论的方式可促进学生之间的互相帮助、取长补短，还可以为口语好的学生提供施展才华的天地，为口语差的学生提供锻炼的机会。对于答得好的小组，教师可在黑白板上画一张笑脸，对于答得差的组，教师可画一张苦脸。这种方法可使课堂上出现组与组之间的竞赛活动。这不仅可以锻炼学生的口语，还可以增强学生的集体荣誉感。这种分组讨论并派代表演讲的方式可在大学二年级学生中进行。

第五章 高校英语阅读翻转课堂模式的构建

本章为高校英语阅读翻转课堂模式的构建，主要介绍三个方面的内容，分别为翻转课堂综述、翻转课堂模式下高校英语阅读教学的改革与创新、翻转课堂模式下高校英语教师的发展与提升。

第一节 翻转课堂综述

一、翻转课堂产生的背景

（一）应用型人才培养的需求

近些年，国家做出了调整人才战略的重要举措，着力于推动一大部分地方高校转为应用型高校。一批以培养应用型人才为己任的地方本科院校响应号召，积极探索适应应用型人才培养的教育理念、新的人才培养模式、新的体制机制等，努力实现自己在社会发展中的使命和价值。在应用型人才培养的系列改革中，任何一所不进入课堂教学变革的高校，都无法真正逼近教育改革的核心地带，也不可能走向真正的优质。改革先行的高校必将率先得到学生的青睐。

高等教育的根本问题一直都是"培养什么人，如何培养人"。为了使培养出的人才能够更好地适应社会经济发展的需求，各地方高校一致选择了培养应用型人才的策略。这种人才培养定位体现了中国高等教育面对社会转型发展、产业结构升级、市场人才选择方式变化、就业形势日益严峻等现实所做出的时代回应，不仅对促进我国社会转型与发展具有重大意义，也有助于有效实现人的多样化发展。

1. 应用型人才的培养目标定位

关于"应用型人才"，一般认为具有以下三大关键特征：

（1）具有"人才"的基本特征

他们是在人力资源中具有较高能力和素质的人，具有一定的专业知识及技能，可以以创造性劳动为社会发展作出贡献。

（2）具有"应用型"的共性特征

他们与精通理论研究的学术型人才和擅长实际操作的技能型人才相对应，面向生产第一线、面向基层，既有扎实的理论基础和专业素养，又具备相应的应用型思维，动手和实践能力强，善于运用自己已掌握的知识、理论和技术从事专业活动。

（3）具备"创新性"的时代特征

他们要在富有个性和变革的时代紧随技术的发展和进步，具有开阔的视野，具有发散性、求异性和逆向性思维，能把创新构思付诸实践。

为此，在应用型人才的培养目标定位上，知识结构要以"厚基础、宽口径、重应用、强创新"为基本原则，强调"学以致用"，突出新理论、新技术、新材料、新思路在行业生产实践中的灵活应用；能力结构侧重于组织、指挥、协调、管理和服务等应用能力的培养和训练，突出创新意识和创新精神的培养等；人格结构强调具有强烈的好奇心和探究欲望、高度的责任感和团队合作意识等。

为实现这一人才培养目标，教师不仅要着眼于当前社会经济发展的需求，还要关注未来走向，尽力为学生拓宽就业和创业之路，为他们未来的职业发展赋能：面向当前国家经济转轨、社会转型的阶段性特征和需求。教师基于强调能力本位学习（competency-based learning）特点，要求教师积极探求可以突出能力的"全新"的应用型人才培养方案，改变学习的内容和方式方法，尽力激发出学生的学习热情，帮助学生具备扎实的理论基础知识、比较高的专业素养和强大的实践应用能力；也要求学生具备科学的思维方式及一定程度上的管理能力，以便学生可以适应文明、民主、多元的时代氛围，能够表达出内心所想，懂得沟通，擅长与他人合作，具备团体精神。教师要培养学生的独立意识，坚守自我，不盲目从众，帮助学生提出独创的见解和观点，使学生在激烈的社会竞争中更好地生存和发展。面向不确定的未来，教师要一直思考，伴随信息技术日新月异的进步和技术更新换代周期不断缩短的现实，如何为学生未来的职业发展赋能？当人才的竞争赛道再次切换，当一些工作岗位消失，什么人不会被淘汰？教师现在要教会学生什么？如何帮助学生在校期间养成适应终身发展需要的核心素养和关键能力，培养学生具备信息的获取和分析能力，让他们在浩瀚的知识海洋中学会学习，适应学习型社会和终身教育时代的发展需求，教会他们在迅速变化的社会环境中学会选择，快速把握机遇，更好地融入未来社会，不断超越。

2. 应用型人才培养对课堂教学的要求

针对培养高素质的应用型人才、能将知识转化为现实生产力、直接服务于地方经济建设的应用本科教育，有些教师曾经进行了包括课程体系调整、支持学生自由选择专业、鼓励产学研合作培养人才等教育创新行动。课堂作为学生学会学习和学会创造的主渠道，是体现学校办学理念、完成人才培养目标的前沿阵地，是不断改革与创新的据点，理应面向应用型人才的培养需求做出快速反应。

在教学内容维度上，不过多地追求定义的准确、逻辑的严密、真理的穷尽，不侧重于知识的整理和发现、思想的回溯与前瞻、理论的争鸣与演变，不局限于教材、教师与教室，而是更贴近学生生活及社会实际，贴近专业、行业的发展前沿，重视对成熟理论要点的认识、理解及应用。

在方法和手段维度上，要求建立生成性的教学观，强调利用感官去体验、去实践、去解决现实问题，推动学生基于自己的经验背景建构对知识的理解；注重课堂教学方式方法的多样化和灵活性，采用案例教学法、模拟教学法、项目教学法等，创设一定的教学情境，引导学生灵活运用专业知识、理论与技术去分析和解决专业活动中的问题，培养学生的实践应用能力；采用启发式教学、探索性教学、研究性教学、创新性教学等，引导、启发学生探索问题、分析问题、研究问题，培养学生的创新能力与创新素质；综合运用现代信息技术和科技手段扩展和丰富教学方式方法，满足个体发展需求，促进多元能力培养。

在时空维度上，要求不断拓展课堂教学时空，拓展学生学习、体验和训练的时空，让学生紧跟专业、行业的发展动态，获得更多动手操作和现场实践的机会，帮助学生在课内外获得更多主动学习研究与反思的经历。

（二）当前课堂教学改革的新要求

针对目前高校课堂教学的种种现象，社会各界纷纷呼吁向最微观的大学课堂要质量。高校向课堂教学要质量，就应把课堂教学作为支撑质量目标的核心环节，探索形成符合应用型人才培养本质特征的课堂教学骨架，使课堂教学真正有效服务于学生的学，让学生真正成为课堂的主人，让努力的学生有收获、徘徊的学生有目标、积极的学生有成果、消极的学生有体验。

1. 强调学生学习的责任

当前，要想培养一批应用型人才，使得学生在应用实践和现实问题解决中的主体性作用得以发挥，首先强调学生必须能主动为自己的学习行为承担责任，让学生有意识地做自己学习的主人，自觉、积极且具有生命活力地参与到教学活动中，主动探索知识，自觉建构自身的学习体系，感受体验自身的发展；推动"教"的课堂逐步走向"学"的课堂，让课堂上不再仅仅是以教师讲授为主的单向传递式教学，而是实现师生协同学习、合作研究和共同成长的教学。

这意味着在课堂教学中，不仅要激发学生学习的主动性和积极性，引导学生把时间、精力和智慧投入学习中，帮助学生在信息化知识大爆炸的今天减少学习的随意性和盲目性，逐渐学会自主式、参与式、探究式学习；还要赋予学生学习应有的权利，赋予学生在自主确定学习目标、选择学习内容和决定学习方式等方面一定的自由，让学生的学习被内在需要所驱动，充分发挥学习主观能动性，激发自己的学习潜力，焕发学习优势。

2. 激发学生的问题意识

人生而具有好奇心，求知欲，这是人能够获得理性、自由、创造等超越动物性发展的基石，表现在学习兴趣、学习态度等方面。人只有积极运用天性去探索问题并试图解决问题，才可能有创新，才可能有成长、发展和超越。学会学习的一条最佳途径是走向问题启发式学习：教师引导学生学会发现问题、生成问题、解决问题，师生围绕"问题"开展自主、合作和探究式的学习，使学习活动走向思维运动，培养学生具备多元思维的能力。

在人才培养中强调问题引领在教学中的重要性，不仅要求教师要以问题为起点、以问题解决为主要活动过程，激发学生对问题的敏感性；还要求以研讨与现实联系密切的问题为主，跟踪和了解该领域的学术前沿问题或尖端技术，挖掘学生潜在的研究天赋，培育学生的钻研精神以及研究素质，让学生养成遇到困难不退缩、勇于面对、积极探索解决问题的钻研潜质，以及自信、全面、富于进取和创新精神的人格和工作特质；更要求教师要为学生创造更加自由、民主的学习氛围，教师和学生一起以学习问题为中心，在对话、交流、质疑、假设、分析、评价、论证等环节中独立自主或合作探究解决问题，帮助学生不局限于惯性、惯例等，助益学生问题意识、问题解决能力及自由独立人格的生成，推动他们独立思考、判断真假、选择信息、挖掘深层次的含义、寻求看问题的不同思路和视角等。

3. 注重培养学生的核心素养

核心素养是人必备的品格和关键能力。提出核心素养的依据有如下几个：一是未来个人发展和社会生活所需的品格与能力无法预期，个人在学校受教育期间唯一能选择的是发展必备品格和关键能力；二是知识以几何级数增长，能力以几何级数分化，学校教育无法穷尽知识与能力；三是社会生活愈加纷繁复杂，价值取向多元，学校教育无法培养面对所有社会问题的各种技能；四是学校教育应专注于培养必备品格与关键能力。

语言教学中的核心素养主要包括语言能力、文化品格、思维品质和学习能力。

（1）语言能力

所谓语言能力，是指在社会情境中，借助语言来理解、表达的能力。作为英语技能教学而言，这一能力是学生应具备的基本能力，也是语言学科的核心素养。对于语言学科而言，听、说、读、写属于经典的语言技能，因此对这四项基本技能的培养是非常必要的。同时，由于在新时代背景下，学生需要面临各种数据、图表形式的资料，因此他们还需要掌握"看"的技能。通过"看"，他们才能获得第一手资料，因此"看"也成为语言能力的一个独立元素，需要学生学会"看"的本领。

（2）文化品格

所谓文化品格，不仅指对一些文化现象、情感态度、价值观的了解，还包含对语篇反映的文化传统与社会文化现象进行评价与解释，通过归纳与比较语篇反映的文化来形成自己的文化态度、文化立场、文化认同、文化鉴别的能力。

语言教学中的核心素养尤其注重从多元文化的角度来渗透，通过比较、识别中西方文化的异同，学生才能在自信、自强、自尊的价值观引领下形成传统优秀文化、理解运用外来文化的能力，从而顺利地开展跨文化沟通。

（3）思维品质

思维品质，与一般意义的思维能力、语言能力核心素养中的理解与表达能力不同，指的是与英语技能学习相关的一些思维品质。在核心素养中，思维品质是与学生的个性发展最为贴近的一个维度。思维品质的提出与深化，与英语教学改革相符，也是对"立德树人"目标的践行。

（4）学习能力

所谓学习能力，不仅指对学习方法与策略的掌握，还包含对语言学习的认知与态度。学生应该主动拓宽语言技能学习的渠道，积极运用所学策略，提升自身的语言学习效率。另外，学生也不应该拘泥于课本、课堂为核心的教育情境，而应该从课堂走向课外，扩充自己的知识面。可见，对于中国学生而言，这一能力十分必要。

4. 转变学生学习的方式

学习方式是学生在开展学习任务时自主、探究和合作的基本行为特征和认知取向，主要包括接受学习、发现学习、探究学习、合作学习和体验学习等。当前在高等教育相对发达的国家和地区，高校在人才培养过程中使用的教学方式方法均呈现多样性、灵活性、针对性等特征。推动学生学习方式的转变，应立足于学生的能力养成，既具有符合应用型人才特征的针对性，更要具有符合学情特征的时代性。具体来说，可以从以下几点着手：

①倡导自定节奏的自主探究式学习，即要为学生营造发挥主观能动性的机会，引导学生大胆挑战传统的识记性学习方式和学习思维，帮助学生学会学习，成为学习活动的主人，推动他们结合自身需求和环境自由地、个性化地灵活变化学习方式，学会在研究和创造中学习。

②推动学生走向团队合作式学习，即要培养学生的合作学习能力，使他们逐步告别单打独斗式学习，学会与不同专业背景的人交流与协作。

③应用情景式教学就是关注学生在情境中的认知体验，借用新兴技术模拟真实场景增强学生的过程参与性，进而增强学习认知。

④关注在线学习和移动学习，源于互联网时代为学生学习注入的新活力，丰富的网络学习资源，自由多样、简单便捷的知识获取途径和学习方式，帮助学生打破了学习时空的局限，帮助他们学会应用现代信息技术高效地学习，培养学生在"信息超载"时代对信息的搜索、筛选、分析、应用的能力等。

5. 增强学生的学习体验

个体的发展具有独特性和不均衡性，在尊重个体差异的基础上，关注学生的学习体验，努力为所有学生创造锻炼和表现的机会，可以激发学生学习的内驱力，发展其勇于探索、不断进取的良好个性。当前学校的教学评价重点强调甄别和选拔的功能，忽视了激励与促进发展的功能，总是只看结果，忽视学习过程，结果造成只有个别优秀学生能得到积极评价，产生愉快体验，自信心和学习兴趣得到增强，而大多数学生则成了隐性的失败者，难以形成积极健康的情感体验。

高校教师在教学过程中，不仅应针对应用型人才强调利用感官去体验、去实践、去解决现实问题，密切联系社会实践，研究教学方法的适切性，采用多种方法灵活教学，增强学生的学习体验，让课堂不为教材、大纲等所约束，让学生广泛参与课堂，让学生在课堂上师生间、生生间双向或多向互动中，真切体会到好奇、思考、辨析、研究的课堂教学魅力，还要注重评价的方式和作用发挥，让每一位学生都体验到成长的快乐和克服困难的喜悦，享受学习的快乐，帮助学生正确认识自己，悦纳自己，激起他们主动学习的动力和获取成功的力量。

6. 促进学生的深度学习

深度学习的概念就是，学生在理解性学习的基础上，可以批判性地学习新知识、新思想，然后将其融入自己原有的认知结构中，既可以把多种不同的思想联系到一起，也可以把已经存在于脑海中的知识转移到新情境之中，从而独立作出决策以及解决问题。学生使用深度学习策略，会更擅长在学习过程中保持、整合、迁移自己学到的内容，这就提高了学生取得好成绩的概率，也刺激了学习愉悦感的生成。

当前高校的人才培养应建构深度学习视野下的课堂情境，不仅要将课堂作为学生知识深度加工的主场所，把原来教师单向传授的教学过程转变为师生双向互动的教学过程，创设促进深度学习的真实性和批判性的课堂情境，还要围绕问题，以理解、建构、反思、迁移为着力点，探究深度学习发生的情境机制，让学生在合作探究和建构中实现对知识的内化、吸收、应用和创新，有效培养科学思维、创新思维及发展理性思维，让他们在思维碰撞、心灵交流中实现有意义的学习。

二、翻转课堂的兴起与发展

翻转课堂源于美国，实际上其思想的兴起与发展经历了一个不断发展的过程，很多教育家都对其提出了建议。本书对翻转课堂的兴起与发展进行研究，意在弄清其发展的脉络，从而更好地认知其本质。

（一）翻转课堂的兴起

一般认为，最早对翻转课堂进行研究的是美国高中的两位化学教师，最早将翻转课堂用于实践的是可汗学院。事实上，翻转课堂的实践最早源自19世纪早期的西点军校中著名的西尔韦纳斯·塞耶（Sylvanus Thayer），他拥有自身的一套教学技巧与方法，即在课堂开始之前，学生往往通过教师给予的资料提前进行学习，课堂时间则用于对课前学习的内容展开讨论与批判思考。这一教学手段是翻转课堂的雏形与起源。

1991年，哈佛大学的物理学教授埃里克·马祖尔创立了Peer Instruction（同伴教学法，简写为PI）教学法。在埃里克·马祖尔看来，学习主要分为以下两个步骤：对知识进行传递，将知识加以内化。

这一观点是翻转课堂构建的重要基础。他还认为翻转课堂最独特的地方就在于将知识传递与知识内化相互颠倒。

2000年，美国莫琳·拉格（Maureen Lage）、格伦·普拉特（Glenn Platt）等教授在迈阿密大学讲授"经济学入门"课程时，运用了一种新方法，让学生提前观看视频，课堂上以小组合作形式对家庭作业进行处理。这一教学模式其实也属于翻转课堂教学，只是未提出专门的名词。

（二）翻转课堂的发展

翻转课堂这一模式已经在美国多个地区流行起来，但是尚未大范围地推广。这是因为很多教师虽然对翻转课堂模式持有认可的态度，愿意参与到翻转课堂教学实验中，但是要想实现这一模式，必须制作教学视频。实际上，并不是每一位教师都能够做出高质量的视频来。

美国可汗学院的快速发展，使得翻转课堂的这一问题得到了很好的解决，并推动了翻转课堂的发展。

2004年，美国的教育工作者萨尔曼·可汗（Salman Khan）在为他的表弟辅导功课时录制了课程视频，以方便表弟对重点和难点进行回顾和复习，不用再担心因为未上课而不能学习。2011年，萨尔曼·可汗在TED（Technology，Entertainment，Design，即技术、娱乐、设计）大会中的演讲报告《用视频重新创造教育》里提到，很多中学生晚上在家观看可汗学院的数学教学视频，第二天回到教室做作业，遇到问题时则向教师和同学请教。

2007年，科罗拉多州林地公园的两位高中化学老师，乔纳森·伯格曼（Jonathan Bergmann）和亚伦·萨姆（Aaron Sams）也开始通过录屏软件录制PowerPoint演示文稿的播放以及讲课的声音，然后把视频上传到网络，希望通过这种方法给缺席的学生补课。后来，这两位教师允许各位学生在家里观看教学视频，然后在课堂上完成作业，教师也积极地给在学习中遇到困难的学生讲解疑惑。这种教学模式在学生中大受欢迎。为了让更多的教师理解并且接受翻转课堂的理念以及方法，两位教师于2012年1月30日在林地公园高中举办了翻转课堂"开放日"，让更多的教育工作者参与进来，一起观看翻转课堂的实际运转状况和学生的学习状态。通过实践发现这一模式的效果优于传统模式。此后，这一模式在美国中小学教育中快速得到了推广。

三、翻转课堂的定义与特征

如前所述，翻转课堂源自美国，随着信息技术的发展备受关注。作为一种全球性教育界的变革，翻转课堂是一种新型的教学模式，在教育信息化、全球化的今天有着重要的特征。基于此，本书就对翻转课堂的定义与特征进行研究和探讨。

（一）翻转课堂的定义

通常意义上，大家对翻转课堂最朴素的解释就是，将传统的课堂学习和课后作业的顺序进行颠倒，即将知识的吸收从课堂上迁移到课外，知识的内化则从课后转移到课堂，学生课前在网络课程资源和线上互动支持下开展个性化自学，课堂上则在教师引导下通过合作探究、练习巩固、反思总结、自主纠错等方式来实现知识内化。

目前看到的最初的翻转课堂实施结构模型（图5-1-1）来自美国的富兰克林学院数学与计算科学专业的罗伯特·塔尔伯特（Robert Talbert）教授，他在"线性代数"等很多课程里都使用了翻转课堂模式，并且收到了很好的教学效果。

这一模型为后续学者、专家进行教学模式探索提供了基本思路。

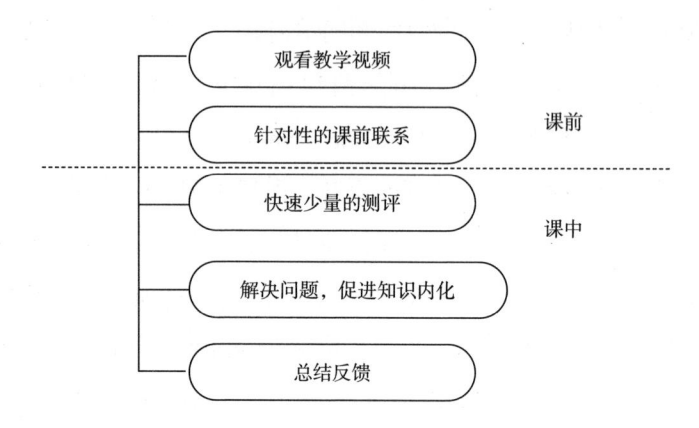

```
观看教学视频
针对性的课前联系      课前
─────────────────────────
快速少量的测评
解决问题，促进知识内化   课中
总结反馈
```

图5-1-1　罗伯特·塔尔伯特的翻转课堂模式结构图

随着教学过程的颠倒，教与学的流程、责任主体、师生角色、课内外任务安排、学习地点和备课方式等方面都发生了明显变化。与传统意义上的课堂教学结构相比，翻转课堂颠覆了人们一直以来对课堂模式抱有的思维惯性，改变了学生的学习流程，从与以往不同的全新角度揭示了课堂的新形式、新含义。有人认为，"翻转课堂"打破了教学结构，颠覆了人们头脑中对课堂的传统性理解，倡导先学后教、以学定教，增强了学生的学习自主性和选择性，加强了学生与老师间的沟通与交流，实质是学生学习力解放的一次革命。这不仅契合了教育信息化发展规划指导思想的核心——创新学习方式和教学模式，它也因此被称为是传统教学模式的"破坏式创新"，成为信息技术与学习理论深度融合的典范。

（二）翻转课堂的特征

由以上定义可知，翻转课堂是在传统课堂基础上的一种创新，这恰好反映了翻转课堂的本质特征，具体表现为以下几点：

1.教学流程的革新

教学流程的翻转又称为"教学流程再造"。以前的教学流程是学生先在教室里面上课、听讲座，然后回到家做作业，或者进行练习；翻转课堂的教学流程是学生在家中通过线上的方式听课、听讲座，然后在教室里一起讨论、答疑、完成练习。

很久之前，人类就不断探究，试图通过教育技术（教学视频）来开展教学，比如在 20 世纪 50 年代，世界上的很多地区都进行了广播电视教育的尝试。但为何当时的尝试没有很大地影响到传统的教学模式，但如今的翻转课堂却引发了大家的广泛关注及讨论呢？问题并不出在视频媒体上，原因如下所述：

①当时的电视技术还没有非常普及，电视的硬件设备和教材资源都价格昂贵。经典的班级授课模式成本更低，花销少，效率高。所以电视教学没有成功取代经典的教学模式。

②信息技术的进一步发展极大降低了视频教学资源的制作以及使用成本，很多教育技术专家在信息技术及课程整合方面进行了试验，希望把信息技术运用到课堂的实际教学中，并且把传统的灌输式教学改为了协调探究式学习，但信息技术的运用和协作探究活动无法在传统式教学有限的时间及空间下发挥作用（因为每节课的时间固定，教学时间无法减少，这样协作探究就缺少时间），因此较大规模的教学实验改革也就无法获得最开始期待的结果。

传承了四百多年的传统课堂教学在经历了很多次改革与调整后，依旧没有改变以教师怎样讲好课为中心的特点。一直到今天，其基础的教学流程依旧照常：教师在课堂上尽量用通俗易懂的语言为学生讲述新知识，再让学生课后完成作业以巩固自己所学到的内容。这种方式明显的优点就是可以高效率的传递知识，而显著的缺陷就是同步性和灌输性。同步性意思是没有考虑到不同学生在知识接受能力方面的差异及不均衡；灌输性意思是不重视探究知识，这些都不利于培养创新型人才以及发展人才的个性化特点。

翻转课堂采用和传统课堂不一样的教学流程，它在课堂开始前便已经开始教授知识，从而使学生可以在上课过程中内化知识，达到更好的学习效果。学生上课之前通过网络观看教学视频，学习新的知识，这种形式等同于教师的课上讲授，从而使课堂的时间以及空间拓展开来，让学生在课堂上就完成作业，再与教师交流，教师帮助学生解答疑惑，也可以与同学交流，互相帮助。这样做有以下优点：

①学生自己观看视频进行学习，可以自己把握学习的主动权，为自己的学习成果负责，可以很好解决传统的课堂教学中存在的优等学生"吃不饱"，差等学生"吃不了"，中等学生"吃不好"的现象，最终实现孔子"因材施教"的教育目标。

②翻转学习目标具有很强的操作性，它可以激发学生对知识的探索以及创新。布鲁姆将学习目标分为记忆、理解、应用、分析、评价和创造，翻转课堂对传统教学的形式作出改变，把难度很小但是需要更大选择权的环节——记忆、理解，放在了最具自由度的课前学习时间，又把难度组最高且需要同伴帮助以及教师指点的环节——应用、分析、评价和创造，放在了课堂过程中，各自都有适合其特性的位置。这样可以更好地发挥各自的作用。

依据混合学习理论，一些具有良构性且较为基础的知识适合在上课前进行学习（可以应用奥苏贝尔的有意义接受学习理论展开指导）。而一些具有劣构性且比较复杂的知识更适合在课堂上进行整体、系统性的学习（可以用建构主义学习理论展开指导）。正因为如此，翻转课堂也被看作混合了接受学习理论和建构学习理论的一种应用。

2. 教育理念的进步

翻转课堂的教育理念是由"以教为中心"的教育理念转变为"以学为中心"。翻转课堂被看作"以学生为中心"的学习模式。一直以来，课堂都是以教师为中心，教学就是教师站在讲台上给学生讲课，即使教师将课讲得非常精彩，也总有学生不能融入其中。翻转课堂让教师下台，学生上台，课堂变成了学生的学习中心。

3. 师生角色的转变

翻转课堂最大的障碍是教师角色的转变。很多研究者认为，翻转课堂通过"传递信息"和"吸收内化"过程的翻转，教师由知识的传授者转变为指导、服务学生学习的角色；学生学习的状态也从过去被动接受转变成主动研究。

4. 教学结构的创新

实际上，很多学者认为翻转课堂并没有翻转教学流程，依然遵守从学习知识到内化的时间顺序。他们认为，翻转课堂翻转的是教学结构，即从"学习知识在课堂，内化知识在课外"的结构转化为"学习知识在课外，内化知识在课堂"的结构。

5. 学习活动与学习环境的匹配

按照学习过程是否需要交流协作或独立思考，可以将学习分为独学和群学。

独学以独立思考为特征，如知识传授；群学以协作交流为特征，如知识内化。学习环境也有两类：私环境和公环境。私环境如家里，安静，干扰少，适合独立思考，适用于独学；公环境如课室，公共场所，适合交流分享，协作探究，适用于群学。

翻转课堂将"在课堂学习知识，在家完成作业"的方式转变为"在家观看视频学习知识，在课堂讨论学习"，实现了学习方式与学习环境的完美匹配，即适宜群学的学习内容与适宜群学的环境相互匹配；适宜独学的学习内容与适宜独学的学习环境达到高度的统一。翻转课堂的最大潜力和最大特色，可以认为是实现了学习活动与学习环境的完美结合与匹配。

6. 育人本质与育人目标的转换

无论是教学流程的再造，还是教育观念的转变，无论是师生角色的转换，还是教学结构的翻转，改变的都是课堂教学形式和教学手段的变化，但翻转课堂的核心是适应信息化背景下学校教育变革的需要，改变旧的育人目标并相应地改变教学的环境和形式。

第二节　翻转课堂模式下高校英语阅读教学的改革与创新

一、翻转课堂模式下高校英语阅读教学改革的意义

"翻转课堂"这种教学模式在很大程度上优化了传统的高校英语阅读课中存在的问题，教师会让学生认真阅读、从更深层次的角度进行分析，从而让他们切身感受阅读内容里潜在的感情及道理。深度阅读的方法，可以大幅度提升学生在阅读方面的自觉性。长此以往，学生可以养成课前速读、课中精读、最终能够分析且形成多角度观点的良好阅读习惯。不过，任何一种教学模式都是有利有弊的，教师在采用"翻转课堂"模式展开教学时要扬长避短，真正落到实处去提升学生的英语阅读能力。除此之外，应用"翻转课堂"教学时也要关注学生进行课堂活动时的积极性，既要进行课内的阅读，也不能忽略课后的阅读。应用翻转课堂对高校英语阅读进行改革的意义大概有以下几方面：

（一）有助于提高学生的阅读兴趣

在翻转课堂的教学模式下，教师可以在课前提前依据教材文本制作内容丰富多样的教学视频，让学生观看精彩的教学视频，借此激发他们的学习兴趣；学生处于轻松自由的学习状态中，更容易对英语阅读产生兴趣。这改变了过去学生被动接受、完成教师布置的阅读任务的情况，改为学生自发地探寻自己感兴趣的阅读材料，在课外进行阅读活动。

（二）有助于发展学生的语言能力

翻转课堂的教学模式提升了学生的阅读兴趣，增加了学生的阅读量。大量的阅读可以提升学生的阅读速度以及阅读能力，此外，阅读行为不仅是以其自身魅力与特性给学生带来积极影响，更能够促进学生语言综合能力的提升，例如扩大英语词汇量，提升写作能力等。

（三）有助于实现学生个性化学习

在翻转教学模式下，在家里自由度更高的学生可以按照自己的学习进度进行对学习英语阅读教学视频的学习，如果遇到疑惑或难以理解的问题，也可以反复观看教师的教学视频，这有效改变了过去传统课堂上学生稍稍分心就无法跟上教师教学节奏的情况，更利于学生的学习。除此之外，每一位同学各具独特性的问题都可以在课堂讨论中得到解决，由此真正实现学生的个性化学习。

（四）有助于培养学生的创新合作能力

在互联网时代，媒介融合与网络多元化的趋势日益显现，社会在需求大量人才的同时并没有放宽严苛的选拔要求，既要求人才具有专业级的从业技能，又要求其具有较高的职业素养及创新合作意识。英语阅读是培养人才创新与合作意识的重要途径之一，传统的课堂，由教师控制引领整个课堂，教师提出问题，引导学生解决问题，学生也经由教师的指导进行阅读训练。翻转课堂改变了以往的固有模式，它弱化了教师在课堂中的地位，让学生自主把握自己的学习过程，在亲身参与英语阅读的过程中发现自己所学知识中的薄弱处以及阅读盲点，具有针对性地思考如何解决自己的疑惑与难点，并且寻找一个最有效的解决问题的方法，这个过程也就是培养学生自主意识的过程。

翻转课堂还可以给学生提供一个互相交流与探讨问题的广阔平台，依靠这个平台，基础薄弱的同学可以向基础扎实的同学寻求帮助，处于同等学习层次的同学们可以一起讨论在阅读中遇到的困难，交换各自的观点，学生也可以在合作互助、友好交流的过程中培养感情，提高合作创新的意识。

（五）有助于提升学生的综合实践能力

翻转课堂是一种以学生为主体的课堂模式，它强调学生要发挥主观能动性，在课前、课上都积极地自发地进行对知识的探索，发现问题，以交流合作的方式解决问题。这种模式可以增强、提升学生自主学习的能力以及解决问题的能力。同时，多样的课堂学习活动也可以提升学生的合作、交流沟通、创新以及实践能力等。

我们可以发现，翻转课堂对教师的教学方式和学生的学习方式都产生了很大的影响，使其发生很大的变化，它明显提升了学生的阅读兴趣和阅读水平，这表明，将这种新型的教学模式应用到高校英语阅读教学中是非常有效的。

二、翻转课堂模式下的高校英语阅读教学创新方法

（一）翻转课堂模式下高校英语阅读教学方法的创新

"翻转课堂"把教师上课需要讲解的知识放到课前，让学生自主地学习和观看，将那些需要内化的知识与活动放到课堂上进行。在上课过程中，教师有充足的时间帮助学生解决课前学习时遇到的问题，教师与学生、学生与学生之间都可以进行交流讨论，达成更好的学习效果。

1. 课前教学

（1）教师方面

①教师要选取合适的阅读资料。调查表明，有许多学生都认为过时、枯燥的课本知识没办法激发他们阅读的积极性与兴趣，因此，教师应该选择与时俱进且

兼备趣味性、篇幅适中的材料。"翻转课堂"模式运用在阅读课中，最重要的目的就是实现学生在课上的深度阅读，篇幅太长的文章不利于良好课堂阅读效果的形成，也不利于其他活动的开展。

②教师根据选择好的材料制作教学视频。依据讲解内容量的不同，制作一个或者多个视频，每个视频的时间控制在15分钟左右最为合适。视频包括以下内容：一是阅读的目的与要求及需要掌握的重点。二是讲解生词和短语的用法、讲解相关的重点语法知识、解释分析难句的意思还有拆分厘清文章结构。三是对阅读方法及技巧的介绍。

学生在看过教学视频后基本解决了语言方面存在的问题，并且对阅读材料的内容和结构有了一定的了解。

（2）学生方面

学生阅读完资料后观看视频，尽力理解视频中的内容，按照要求做出整理和分析，重点学习自己感兴趣的内容。针对其中无法理解的知识可以在自主学习平台上深入地学习，或者通过其他的通信工具跟同学交流探讨来得出答案，也可以在上课过程中向老师询问自己无法解决的问题。在实际运用中，学生一般可以在课前活动中就完成教师布置的任务。

2. 课中教学

阅读理解包括字面层次和评断层次两个方面，学生课前提前阅读以及观看视频，对英语词汇功能和句子结构进行正确辨识，接收文字基本信息，经过思考然后在头脑中逐渐形成既定概念，很多学生理解内容的能力还只停留在字面层次。但阅读真正的目的是达到包含多项信息收集以及反馈活动的高级评断层次，其中又以对相关信息的搜集、评论、分析占主导地位。

学生想要到达评断层次，就必须在课堂上进行深度阅读，并且认真地与同学展开讨论分析。具体来说，因为学生已经在课前的学习过程中基本解决了语言方面的问题，教师就可以让学生在课堂上一边细读一边写，或读完之后再写，写的内容应该对学生弄清语篇意义以及提升阅读技能有帮助。比如，找出文中的重要细节及其与文章主题之间的内在联系，文章里的重要情节及其与人物之间的关系等。

仔细研读可以很好地培养学生的高层思维技能，教师可以对学生进行仔细研读技巧方面的训练。研读开始的时候，以教师为主，组织所有学生展开研读，采取的是示范研读模式。等读完一个片段后，教师就可以从主体地位退出，让学生自己对主题、文章结构以及词语展开探讨，或让学生把自己现在读到的内容与之前所学的、课堂上讨论过的内容联系起来。之后，教师需要引导学生评价、分析阅读内容，上述活动均需在课堂进行过程中完成。

把喜欢相同片段的学生组成小组，以组为单位进行研读，再在各小组之间展开互动交流，针对其他组同学的评论展开探讨。这种方式可以帮助学生更好地了解其他同学的阅读、讨论、分析方式等。上述合作式的研读对开展班级讨论、加深学生对自己感兴趣部分的知识的理解都有很大的益处，同时还可以培养学生的共情能力，也就是一种可以深切体会他人处境，可以充分感受以及理解他人情感的能力。

3. 课后总结

（1）教师方面

阅读课程结束后，教师要及时总结、归纳学生在课上遇到的问题，然后通过网络学习平台等及时将结果反馈给学生，指出学生在阅读方面的不足以及需要改进的地方。

（2）学生方面

下课之后，学生要依据教师给出的意见或建议巩固在课上学习到的知识，并且反思自己的学习过程有无问题，从而真正提高自己的英语阅读能力。

（二）翻转课堂模式下高校英语阅读教学的辅助策略

我国综合实力持续提高，全球化进程也不断加快，使得社会对精通英语的复合型人才的需求越来越多。与此同时，现代社会对英语人才的要求也在提升，除了具备熟练的听、说、读、写、译能力，还要具备跨文化交际能力。因此，教师应该在学生词汇量以及文化知识达到标准时积极培养学生的跨文化能力。

1. 立足于教师自身教学与文化意识的提升

教师应该意识到，跨文化学习能力对学生来说是非常重要的。想要提升学生的跨文化交际能力，教师应该持续提升自己的跨文化能力。只有教师首先具备了这项能力，才能够有意识且有计划地把培养学生跨文化能力的教学内容融入阅读教学中。为此，教师应该做好以下准备：

首先，教师应该检查自己的英语基础知识，确保没有较大的空缺。也就是说，教师应该拥有丰富的词汇，对语音有足够的了解，听、说、读、写等技能较高。

其次，教师应该扩展阅读的广度和深度，通过阅读国外原版的经典文章来增进对西方文化的认识，不断建构自身的西方文化图式，进一步提升个人文化修养。

最后，教师不仅应该学习西方文化，更应该重视对本国文化的学习。只有充分消化了本土文化，建立了文化自信，才能更好地吸收西方文化。

2. 针对学生方面的改进

（1）思维能力的提高

在英语阅读中，学生会自觉地将阅读和思考结合起来。可见，思考能力是学生阅读中必备的能力。进行英语阅读，学生就需要运用英语思维。中西方的思维方式是有差异的，如果用惯用的母语思维去思考英语对话和行为，往往会产生疑惑。因此，教师就要改进教学方法，培养学生对文化差异的洞察力，从而使其高效地理解文章内容。为了达到这一目标，教师除了要选取符合学生兴趣的当下热门的阅读材料外，还应为其提供课后互相交流、探讨的时间。这样不仅能够提高学生的阅读理解能力，还能锻炼学生的思考、口语能力。学生自己也要有意识地打好语言基础，在拓宽知识面的基础上运用知识。

（2）利用教材扩展学生的跨文化知识

阅读作为一种认知活动，它需要跨越语言和文化的障碍。因此，语言知识和文化知识是跨文化能力的重要组成要素。在英语阅读教学中，教师要充分利用教材向学生传授跨文化知识。其中，有三个方面的原因：

首先，教材相对来说是比较权威和可靠的教学依据，学生可以依据教材进行英语学习和模仿，以便确认语言输入的准确性。

其次，教材是作者在特定语境下发表的见解或者表达的思想感情，包含着表层文化和深层文化。因此，学生通过教材能够了解多元文化。要想跨文化交际顺利地进行，学生必须掌握一定的语言知识、表层文化知识和深层文化知识。

最后，即使学生缺少某些跨文化理论，但是教材提供的深层文化知识能够对这个缺陷进行一定程度的弥补，进而有效减少、消除跨文化交际中的失误和冲突。

研究表明，学生对教材中的文化知识进行学习和讨论，对理解语篇有一定的帮助，尤其是从不同文化视角探究作者的"言外之意"。

由此可见，教师深度、全面地挖掘教材语篇中的文化内容，引导学生吸收跨文化知识，就很好地发挥了语篇阅读教学的效用。

（3）跨文化意识和态度培养

阅读也是读者和作者的一次交际过程。语言语篇都是在特定的社会文化背景下产生的，是作者传递某些信息、表达某种情感的载体。英语阅读就是跨文化阅读。无论是课堂教学、学习讨论还是自主学习，都能让学生反思自己的跨文化意识。学生需要意识到文化多样性是客观存在的，需要平等看待各种文化。文化没有好坏优劣，只有不同。学生在进行英语阅读理解时，需要借助头脑中已有的英语文化知识图式。学生通过分析语篇可以获得一些文化上的体验，如作者的价值观和情感等。随着学生的跨文化意识的增强，学生逐渐从语言知识的被动学习者转变为语篇中文化内容的主动探索者，积极学习母语和目的语的语言知识和文化知识。

（4）跨文化技巧和行为能力提升

跨文化能力的培养不仅包括知识的增多，跨文化意识的培养，还包括跨文化技能的提高。因此，可以说跨文化能力的培养是一种素质教育。教师应该为学生创造模拟交际场景，把学生置于一个文化多棱镜中，使其更加深刻地认识文化差异。在这个模拟的交际场景中，语言和语境都是真实的，学习者能够获得实践的机会，学习动力也能被激发。具体来讲，教师可以使用图、文、声、像相结合的形式导入素材，激活学生大脑中相关的知识图式。在此基础上，教师引导学生重点分析语篇中的社会交际意义，以便学生更有效地参与接下来的交际活动。最后，学生运用从语篇中学到的知识和技能，完成辩论、小组讨论、角色扮演、模拟采访、短文写作、案例分析等任务，以此提高交际能力。

第三节 翻转课堂模式下高校英语教师的发展与提升

一、翻转课堂模式下高校英语教师的角色要求

随着全球化进程的加快，人们对高校英语教育的认知也不断深化，加上人们对英语地位的关注，导致英语教学越来越成为研究的焦点。在社会经济、信息技术快速发展的背景下，英语教学改革不断推进。在这之中，课程与教材是英语教学的核心，而与学生有着人际互动关系的教师则是关键。高校英语教师对英语课程的认知程度与水平，对顺利实施教学活动产生直接的影响。尤其是在翻转课堂模式下，教师需要面临重重挑战，他们能否对自身的角色进行调整，能否追赶上时代的步伐，是新形势下教师需要思考的问题。基于此，本节将对翻转课堂模式下的高校英语教师角色要求进行探究。

（一）教师角色的特点

"社会角色"是指与人们的社会地位、身份相一致的权利、义务的规范与行为模式，它是人们对具有特定身份的人的行为期望，是构成社会群体或组织的基础。在当今社会，教师扮演着十分重要的角色，他们以各种方式调动与引导学生参与活动，并引导学生在自己设定的环境中展开探索。就教师角色的特点而言，可将其归纳为四点，即自主性、人格化、个体创造性、多样性与发展性。

1. 自主性

基于社会分工，为了与一定的社会经济、文化需求相符，教师这一职业诞生并延续开来。因此，教师就是基于某种特定的社会要求教书育人角色，从这个意义来说，教师的角色目标是有规定性且统一的。

但是，这并不意味着教师角色不自主，在从事教育工作的同时，教师可以依据社会总体要求，对所要达到的目标的路径与方法进行自主、自由的选择。在实际的课堂教学过程中，教师具有选择课程及教学方法的自主权。而在课程设计、教学过程以及学生管理与评价等方面，教师也享有这种自主权，他人不得阻碍与干涉。

2. 人格化

教师的主要任务是传道授业，他们不仅要传授自身掌握的知识，还需要通过自己的道德与人格感染来影响学生。在教育中，教师应该将自己的人格化发展到极致。教师人格的高尚，有助于对学生的心灵产生感化与推动的作用。

教师良好的人格对于学生而言十分重要，在教育中，教师需要以人格为依据，这样才能涌现出自身的力量，任何制度、规章等都不能替代。这是因为，教师的人格对于学生人格的形成与发展有着直接的影响。可见，教师角色具有明显的人格化，这一特征也要求教师对自己的道德与人格修养要十分关注，在实际教学中应该将自身的人格魅力发挥出来。

3. 个体创造性

教师角色具有明显的个体创造性，集中体现为以下两点：

①学生作为教师的劳动对象，在教师的教育与培养下，为了能促进他们的成长，这就要求教师应该对每一位学生有清晰的了解，从学生自身的特点与需求出发，因材施教。这一趋势体现了当前的个性化教育。

②教师的许多行为本身就具有个性化特征。从客观层面来说，与同行业相比，教师工作在时间以及空间的层面上以个人活动为主要活动，它主要根据个人的活动来完成教学，以促进自身发展。从主观层面来说，教师所持有的观念是独立的成功观念，强调通过自身的奋斗获得成功。

4. 多样性与发展性

教师在各种不同的空间中生活，在各个舞台扮演各种角色。许多社会学研究成果表明，作为学校成员、社会成员，教师扮演的不同角色往往会发生交错，甚至会出现冲突，但是有时候又会呈现和谐共存的局面。

教师是现实生活中的一般社会成员，他们具有和普通公民一样的权利与义务，承担的角色既是学生的导师，也是公众的模范。教师作为学校环境下的一员，不可避免地会受到社会期望因素的影响和制约。因此，教师的角色是多变的，如纪律执行者、心理保健者、学生的朋友等。

无论教师扮演什么角色，担任什么工作，都要满足这些角色的要求，很好地胜任某项工作。当今社会，信息技术迅猛发展，知识学习也不是封闭式的学习，基于这样的环境与条件，教师需要创新教育，终身学习，这样才能不断发展自己。当然，也正是因为这些理念，教师的责任也越来越大，他们需要不断更新自己，紧跟时代的步伐，了解自身的新角色，用发展的眼光对自己的角色进行定位，这样才能更好地引导新时代的学生。

（二）传统高校英语教师的角色

在传统的英语教学中，教师多扮演着主演型角色，拥有绝对的主导权，是教材的复制者、知识的传授者、课堂活动的组织者和独白者。

1.教材的复制者

在传统的高校英语教学中，教师扮演着教材内容复制者的角色，教师的工作就是将教材内容原封不动地传授给学生，教材在教师眼中就是金科玉律，教参就是真理，因此，教师常将教材作为教授学生的来源，往往根据教材内容来设计教案。对教师教学好坏进行评价主要看教师能否把书本知识传达得到位、准确。显然，基于这样的观念，每一位教师都从书本内容出发展开教学，教师很自然地就成了英语课本的复制者。

在高校英语教学中，每位教师都配有一整套教材、教参等，它们为教师设计了每一堂课的活动，甚至对教师说的话都进行了明确的规定。教师如同批量生产的工人一般，千篇一律地开展教学，将大纲内容复制给学生。

在高校英语课堂教学中，教材、教参等是重要的资源，师生需要对这些资源进行开发，尤其对教师来说，他们需要对这些资源加以分割与整合，之后才能通过与学生的互动，将固有内容转化成丰富的、可供学生理解与接受的知识。将教材的静态知识转换成动态的资源，将课堂上单一的知识转变成生动的课堂知识，最终目的都在于帮助学生获得知识。就这一角度而言，不仅学生是知识的构建者与参与者，教师更是将自身置于开放的环境中，成为资源的积极构建者。

2.知识的传授者

传统的教育观念在教师心中根深蒂固，很多教师仍旧存在"教书匠"的意识，他们侧重以书本内容为主，采用灌输的手段进行教学。一些教师将学生看作被动接受知识的容器，认为教材是学生获取知识的对象，而教师是将这些知识灌输给学生的人。显然,教师充当了一个传话筒的角色,学生充当的是接收器,将教学简单地视作知识传递过程。这种对知识过于重视而忽视具体能力的教学方法,势必会造成教学过程的重复、单一,也会制约教师的创新意识与研究精神,让教师的教学思想与观念更加保守、陈旧。

在新形势下,信息技术迅猛发展,教师在技术,知识上所具备的权威的地位受到极大的挑战。在新环境下,高校英语教师对于知识传授者的角色是否有新的理解?是否对新的角色进行了定位?教师对自身的教学手段、角色观念是否感到不适?教师如何转变自我并适应这一环境?这些问题都说明,教师作为知识传授者的角色应该发生改变。

3. 课堂活动的组织者

任何教学活动都有与之对应的课堂活动,高校英语教学也是如此,课堂活动是其主要形式。在教学过程中,恰当的课堂活动有利于教学的开展,而且对提升教学质量有重要的作用。但在传统的高校英语教学中,教师组织的教学活动非常单一,多是板书、录音和幻灯片的播放。不可否认,学生可以通过这些方式掌握基本的英语知识,但他们很难真正融入学习环境,因为这些课堂活动是呆板的,学生没法直接参与,只能通过眼睛去看,通过耳朵去听,学生和教学活动处于一个分离的状态。虽然有时也有对话练习、英语辩论和话剧表演等,但毕竟有限,电影配音、远程对话等更是少见,学生缺乏学习的氛围,很难取得好的学习效果。

4. 独白者

传统的高校英语教学是独白式教师,教师在课堂这一舞台上出演独角戏。虽然教师的行为对于学科是忠诚的,但对于学生的初衷是背离的。高校英语课堂本应该是一个活泼、生动的课堂,实际上却成了枯燥、死板的语法、翻译课。虽然教师非常希望将所有的知识传授给学生,但是知识成了教学的中心,而学生则处于边缘化的地位,也失去了积极参与课堂的自由与权利,这样的教学必然会使教师精疲力竭,学生也非常厌倦。

(三)翻转课堂模式下高校英语教师角色的转变

随着教学的不断革新,高校英语教师的角色也发生了改变,从"主演型"角色变为"导演型"角色，在教学中担任着参与者、帮助者、文化者等角色。

1. 资源的提供者

在高校英语教学中，教师首先扮演资源提供者的角色，这是毋庸置疑的，也是值得肯定的。教师有着广博的知识和丰富的经验，熟知语言的结构、词语的意义及用法等，能够给予学生多方面的支持和帮助。此外，学生自己所掌握的知识和资源有限，需要教师提供做与学的学习资源，这里的学习资源既包括各类学习材料，也包括各种学习手段及条件，例如网络多媒体、广播、电视等，所以教师是学生获取信息的重要来源之一。

教师是提供资源的人，要给学生的学习提供大量信息资源、学习工具以及丰富的学习策略，同时积极开发和利用英语教材及其他课程资源，从而增强教学的趣味性和灵活性，提高学生学习的积极性。此外，需要帮学生解决在学习过程中遇到的与学习资料有关的多种问题。第一，教师可以给学生提供相关的参考书和工具，引导学生高效地选择及使用学习材料，最终自己尝试解决问题；第二，教师可指导学生合理利用图书馆、多媒体和网络等多种资源，引导学生有效地查找资源，培养学生独立解决问题的能力。通过教师的帮助和引导，学生可以有效利用各种学习资源和途径，在丰富知识体系的同时能潜移默化地培养自主学习能力。

2. 学生的引导者

在高校英语教学中，教师扮演着引导者的角色。教师要根据每个学生的自身特性制定具体且可行性高的学习方案，给学生学习指引方向。在具体的教学过程中，教师要引导学生向预期的学习目标努力，即给予学生各方面的引导，使学生受到启发，主动接近教学目标，从而逐步完成教学任务。具体来讲，教师的引导行为包含以下几个方面：

①根据学生的整体水平，选取合适的学习材料、策略来制定学生的学习目标。

②充分地了解并且参照各学生间的个体差异、个性特点及接受能力，探索学生能力所及范围内最佳的学习效果，帮助学生制定对自身适用且可行性高的学习方案。

③指导学生充分地利用图书馆资源并且合理高效地安排学习时间，加入互联网和课堂上与学习伙伴的讨论等。

④认真观察并发现学生在学习过程中遇到的问题和困难，及时支持及指导学生解决问题，针对学生在课堂内外的具体表现给出中肯的建议及评价。

⑤积极引导学生养成良好的学习习惯，培养学生的听说技能和交际能力，为学生分别制订长期和短期的学习计划。

⑥鼓励学生积极参与多种不同形式的课堂活动，激发学生的学习兴趣。由此可知，教师引导者身份的主要目的就是引导、组织有意义的教学活动，监控学生整个学习进程，根据学生实际的学习情况反馈并调整教学方法，引导学生寻找解决问题的途径，进而培养学生自主学习的意识和能力。

3. 学生活动的参与者

在传统的高校英语教学中，教师一直处于中心位置，占据着主体地位，教师大部分时间都在向学生灌输教材内容，很少有机会参与教学活动，同时学生的创造力和想象力的发展也受到了限制。随着高校英语教学的改革与发展，现在的英语教师已经由居高临下的知识传授者变为了学生学习的参与者。教师与学生共同建构了教学这一体系，二者处于平等的地位，应该平等地参与教学。教师应成为与学生一同构建学习的参与者，与学生一起探求知识，当自己出现错误和过失时，要勇于承认。教师应创造平等、民主的教学氛围，与学生一起积极参与各种教学活动，同时不能占据学生的主角位置，应成为学生的观察者、倾听者和交流者。

当教师参与学生的活动时，就与学生达成了合作的关系，也扮演了合作者的角色。在合作的过程中，学生能感觉到教师不再是教学的权威，而是学生中的一员，学生紧张的情绪就会减弱或者消除，学习的积极性也就会不断提高。因此，教师在参与课堂活动时，应抓住所有机会为学生创造轻松的语言实践活动，并积极参与其中，同时教师要注意在参与过程中对学生起到一种示范作用。在语言活动中，学生在运用语言时会不自觉地以教师作为榜样，在教师的引导下，学生的语言运用能力会逐步提高。

4. 学生活动的协调者

高校的英语教学要求教师对语言学习过程中的人际、社会关系进行协调，以减弱学生与学生、学生与学习间的矛盾，营造出积极、和谐的课堂氛围，进而促进学生学习。具体而言，教师应做到以下几点：

①在教学的过程中，学生在进行教师组织的多种交流、互动活动时，容易因密集的交际互动而产生意见相左的情况，甚至会引发矛盾。面对这种情况，教师要作出公正的评判，给出合理且有效的解决方案，以一种平等、亲切的方式正确对待学生与学生之间的摩擦，进而解决问题，实现教学目的。

②在课堂互动过程中，教师要不断鼓励学生，减少学生在互动交流中出现的消极和焦虑情绪，让学生在良好的氛围中轻松地学习知识。

③教师的协调者身份在某种程度上可以作为给学生解决问题及达到某种教学目标或目的的"工具"。学生在进行分组讨论时，教师应该认真观察学生的讨论情况，及时帮助遇到问题的学生，减少学生的挫败感。教师也要在学生学习单词及听力理解的过程中遇到问题时给出学习技巧方面的指导，要在有限的课堂时间里协调好传授知识及学习策略两方面的关系，引导学生摸索和总结出适合自己的学习策略和技巧。

5. 教学理论的研究者

高校英语教师除了承担语言教学任务外，还承担着研究的任务。他们在掌握语言教学理论与性质规律的基础上，逐渐构建自己的教学理念，并运用这一理念去指导实践活动，达到良好的教学效果。因此，高校英语教师在英语语言教学实践中，必须进行英语语言教学的理论研究，将教学研究与课堂教学实践相结合，从而实现理论到实践的转变，再到理论的升华。

6. 文化的驾驭者和传播者

（1）文化的驾驭者

教师对多元文化的驾驭能力对高校英语课程实施的好坏有着直接的影响，也对学生的学习情况产生直接的影响。跨文化教育背景下的高校英语教师应该具备多元文化教育观。随着世界逐渐成为一个地球村，文化矛盾必然是存在的，增进不同文化之间的理解显得十分必要，同时形成一种反对歧视的文化观念也是十分必要的。正如班克斯所说，教师应该对教材进行谨慎的选择，消除存在各种偏见、歧视等内容的教材；选择一些视听材料、课外书籍，对教材加以补足，增进学生对其他族群的认知与了解；尽量选择一些观点上保持一致的教材，避免出现使用一些本身存在认知冲突的教材；选择的教材要避免在概念、教学活动中掺杂偏见成分。

另外，很多大学生都是来自不同的地区，处在不同文化背景下，使用的语言也必然不同，因此，教师需要考虑不同学生的特点，能够用双语进行转换，这样才能实现师生之间的有效交流，从而保存少数民族丰富的语言财富。

（2）本土知识的传播者

教师不仅需要认知与了解其他族群的文化，还需要对本土文化知识有清楚的了解与把握，应该是本土文化知识的专家，挖掘本土文化所蕴含的特色与思维形式。教师是知识的引导者，也是文化的传承者，应该以一个真诚的面孔展现在学生的面前，将本土文化知识融入课堂之中，与学生展开平等的交流，这样可以为高校英语课堂教学提供更为广阔的空间，同时有助于构建和谐的师生关系。

教师要比其他人对本土文化知识有更敏锐的直觉，对本土文化知识的价值更注重保护与发展，并且懂得如何对学校所处社区的本土文化知识进行发掘。在高校英语教学过程中，教师应该对学生在本土社会中获取的知识予以尊重，而不是一味地否定或者贬低。教师可以引导学生对本土文化知识与书本知识进行比较，理解各自赖以生存的本土社会间的关系，培养学生将本土文化知识与书本知识紧密融合，从而创造出新的知识体系。

7. 现代技术的应用者

在网络、多媒体非常普及的当前社会，翻转课堂这一新的教学模式开始运用于高校英语教学，在这种教学模式下，英语教师的职责并没有削弱，反而面临着更艰巨的挑战，因为这一全新的教育形式对英语教师提出了更高的要求。基于翻转课堂的英语教师必须学会运用先进的教学手段和教学模式，改变传统的教学理念和模式，使自己成为现代技术的应用者，这样才能适应当前教育的需求。

（四）传统英语教师角色与高校英语翻转课堂教师角色的差异

1. 主演型教师与导演型教师

教师能不能适应新时代的发展及新的教学模式直接决定了教学质量的高低，这对教学改革起到了重要的推动作用。翻转课堂这种新的教学模式是改革及创新的产物，在这种教学模式下，传统的主演型教师没办法很好地适应教学模式，也无法满足学生实际的需求；相对地，导演型教师便可以发挥出自身的优势，广受学生的欢迎。总结而言，传统英语教师的角色和高校英语翻转课堂教师角色的差异体现为主演型教师与导演型教师的差异（表5-3-1）。

表5-3-1 传统英语教师角色与高校英语翻转课堂教师角色的差异

	主演型教师	导演型教师
角色观	教书育人，讲台主人，课堂主角，知识传授者	服务育人，课堂配角，答疑者，引导者，学习促进者
学生观	把学生定位于接受者的身份，并对其进行监督管理，促进学生按照规划统一发展	信任学生会自主学习；把学生当成知识的探究者；追求学生的个性化发展
教学观	课堂讲解与课后作业相结合的方式；听讲+笔记；授人以鱼	课前学习+课堂探究；自主学习+交流反思；授人以鱼
技术观	运用必要的教学辅助工具	基本的知识载体，教学媒介和交流工具
资源观	知识模块；教学大纲+教材	知识点；知识探究+微视频
评价观	以分数为主；传统纸质测试	以成长为主；多角度，多方式

2. 高校英语翻转课堂教师的本质

在高校英语翻转课堂中，教师担任着导演的角色，作为统领全局的导演型教师，应该具有以下几种特性才能够有效地完成使命。

（1）教练

教师无法在学习的过程中替代学生的角色，教师要做的就是让学生学会学习及训练的方法，更像是教练的角色，教师教授学生正确的训练方法，再给学生足够的空间让其自由发挥。而在高校的英语翻转课堂中，教师要做的是解决学生的疑问，引导学生自主思考解决问题的方法，并依据学生的特点有针对性地进行教学，也就是采用差异化的培养方式。要实现这一教学方法，教师需要做到以下三点：第一，要让学生明确自己的学习目标；第二，培养学生养成良好的学习习惯，掌握正确的学习方法，提高认知能力；第三，激发学生的学习动力，引起学生的好奇心，调动学生学习的积极性。

（2）知己

在高校的英语翻转课堂中，教师是引导、传授学生知识的人，也是学生的朋友,新型的师生关系是亦师亦友、和谐融洽的。第一,翻转课堂提倡的探索式学习要求师生共同努力才会取得好的效果;第二,随着获取知识方式及途径的增加,教师的权威逐渐被分化出去;第三,网络已经非常普及的今天,学生也更喜欢与计算机紧密接触。基于以上三点内容,师生间形成一种朋友、知己关系,便于教师深入学生内心,了解学生真正的性格、想法和需求。

(3)能工

在翻转课堂上,微视频是不可缺少的手段,也是教学质量的保证,所以在信息技术方面,教师要掌握微视频的制作技术,也就是能够根据教学内容制作各种微视频。具体而言,教师要掌握多种制作技术,具有根据自身需求加工、剪辑的能力,让微视频与自己的教学目标更加接近,教师在这个过程中担任着IT的职责。

(4)学者

丰富的质量储备是提高教学质量的重要保障,翻转课堂模式下的教师应该持续学习,提高自身的知识储备和素质。首先,学生会在借助微视频进行课前学习之外也通过互联网获得相关的知识,学生学习的广度和深度逐渐增加,教师的知识量可能无法满足学生的学习需求,这就要求教师要按更高的标准要求自己。其次,现代社会在不断进步,知识在不断更新,为了不被时代抛弃,并为学生树立好的榜样,教师必须不断充实自己,做到与时俱进,这是优秀教师必须履行的责任。

3.高校英语翻转课堂教师角色转换的途径

(1)转变教学观念

①建立服务学生的认知,为学生创造适合学生学习的课堂氛围,使学生拥有自主学习和交流合作的平台以及空间,把以教师为中心的模式转变为服务学生的模式。这种观念的转变既是进行翻转课堂的基础,也是把教师由传授知识的人变为指导学习的人的必要条件。

②教师不仅要向学生传授知识,也要帮助学生实现自我进步,在传授教学内容的同时发掘出学生的优点,并让学生清楚地认识到自己的优点,要关注学生的自主提升以及自我发展情况,把学生的提升及发展视为教学的核心。

③要转变对学生角色的认知。学生不仅是课堂教学过程中接受知识的客体，也是具有自主判断能力和个性的主体，这种认知的转变能有效帮助教师在教学中转换角色。

（2）提升信息技术

①要了解微课的相关内容，并且学习如何运用相关的软件，也就是学习制作微视频，然后依据学生的认知规律，采取恰当的方式传授知识，帮助学生更好的内化以及吸收知识。

②使用信息技术掌握学生课前的准备情况，比如视频学习的情况，通过信息技术讨论的情况等。

③借助信息技术充实、丰富教学内容和教学方法，比如结合视频创作精良的多媒体课件，来增加课堂的直观性和趣味性。

④要不断地学习新的信息技术，提高信息能力，确保翻转课堂顺利地进行。

（3）树立终身学习的理念

①教师要充分了解和掌握自己专业的相关知识，把自身具备的知识融合在整个教学过程中，触类旁通。

②教师除了要把握所教授专业的知识，还要提高自身的人文知识素养。

③教师要具备注重学习和思考的习惯和态度，起到实际带头作用，为学生创造各种学习情境下应具备的条件，最终实现角色的转变。

（4）建立平等对话的机制

翻转课堂模式要求学生在课前自主学习教学微视频并通过网络展开交流，这也要求教师去有意识地刺激学生进行自主学习，与学生平等地展开对话和交流，及时把握学生的学习进度，促进学生持续进步。教师在和学生进行交流时，需要做到以下几点：

①教师与学生要平等对话。平等对话不仅仅是语言的交流，更是教师和学生相互理解、相互借鉴和共同进步的过程。

②平等对话要求真正意义上的身份和口吻方面的对等。教师要消除自身的优越感，不让学生在交流过程中感到压迫和自卑，要及时了解、理解对方的认识和言论，然后选取合适的方式与学生进行交流。

二、翻转课堂模式下高校英语教师的素质要求

高校英语教师的角色决定了高校英语教师必须具备的素质。在翻转课堂的模式下,高校英语教师要向学生讲述自己的理解,即教师在实践中的理解的建构和反思。

(一)英语教师素质的内涵

1. 教师素质

从心理学角度而言,素质是人们与生俱来的神经系统,也是感知器官的某些特征,尤其指的是大脑结构和技能上的某些特征,是人们心理活动产生和发展的前提和基础。

就教师素质而言,有学者指出,教师素质是教师能够顺利完成教学任务、培养人所必须具备的品质,且是身心相对稳定的基本品质。也有学者指出,教师素质是在教学活动中,教师表现出来的、对教学效果起决定作用的、对学生身心发展产生直接影响的心理品质的集合。

总而言之,教师素质侧重于教师的从业素质,即教师的职业素质,具体是指教师为了与教师职业要求相符所必须具备的基本能力和品质,包含教师的道德素质、文化素质、思想素质、能力素质和科研素质等。

2. 高校英语教师素质

综合考量当前高校英语教师的基本情况,高校英语教师素质的内涵涉及以下几个方面:

(1)职业理想

教师的职业理想是教师从事教学工作的兴趣和动机的体现,是其献身于教学工作的原动力。在高校英语教学中,教师的职业理想表现为积极性、事业心和责任感。

(2)知识水平

教师所具备的知识水平是教师开展教学工作的前提。有学者从功能角度出发,将教师的知识结构划分为四大部分:本体性知识、文化知识、实践知识和条件性知识。

①本体性知识是教师特有的知识，如英语语言知识，这是获得良好教学效果的保障。具备本体性知识只是教师教学的基本保证，但不是唯一的，还需要具备其他层面的知识。

②文化知识对于教师教育效果而言有着重要意义，其与教师的本体性有着同等重要的作用。

③实践知识是指教师在具体的课堂中，面临有目的的行为所具有的课堂情境知识或相关知识。这种知识是教师经验的积累，会受到一个人经历的影响和制约，这些经历有人的打算、人的目的和人类经验的积累等。

④条件性知识是一个教师能否取得教学成功的保证。一般来说，教师的条件性知识可以分为三种：学生的身心发展知识、学生成绩评估知识、教与学知识。

（3）教育观念

教育观念是教师在教学活动中形成的对教育现象的主体性认知，是从心理背景出发进行的认知。一般来说，教育观念包含知识观、教育观、学习观和学生观等。

（4）监控能力

监控能力指的是教师为了保证教学能够顺利实现预期目标，在教学过程中，主动计划、检查和反馈等的能力。具体而言，监控能力包括对课前教学的设计、对课堂进行管理与指导，以及对课堂信息进行反馈。

（5）教学策略与行为

教师为了实现教学目标，要从学生的特点出发，采用各种教学手段展开因材施教，这些教学手段就属于教学策略与行为。在高校英语教学中，教师的教学策略和教学行为是教师根据不同学生的学习风格和水平差异，创造符合学生风格的课件，采用网络多媒体技术，将自己的教育思想与学生容易接受的方式完美地融合。

（二）翻转课堂模式下高校英语教师应具备的素质

1. 语言素质

高校英语教师在语言上必须是有较高的素养，也就是说，英语教师要具备英语语言综合能力。英语教师的语言素质包括扎实的语言专业知识和较高的语言技能。要想顺利地开展英语教学工作，英语教师不仅要具备系统的英语语音、词汇和语法知识，还要有良好的听、说、读、写能力。在教学英语的过程中，教师想教授给学生充足的语言知识，自己必须先具备充足的知识。总之，教师的语言素质是开展英语教学的基本保障，教师的语言素质高，才能更有效、全面地使用教材，也才能帮助学生解决各种语言学习上的问题。

2. 师德素质

师德是高校英语教师必备的素养，也是英语教师从事教育活动的动力源泉。教师的师德具体体现在对学生的热爱、对事业的忠诚、对教学执着的追求和人格的高尚。与此同时，教师的师德直接影响着学生的成长。因此，英语教师在日常工作中要有理想的信念，科学的世界观、人生观和价值观，忠于人民的教育事业，具有爱岗敬业的奉献精神，热爱学生。可以说，英语教师只有先懂得奉献、体现公正、具有责任感，才可能实现言传身教。

3. 心理素质

心理素质是对人的性格、情感和意志的总体反映。随着社会的发展、科技的进步，英语教师除了要面对繁重的课业压力，还要关注学生的生理和心理健康，所以，教师必须提高自己的心理承受能力，培养良好的心理素质。具体来讲，英语教师应该从性格、情感和意志三个方面培养自己的良好心理素质。

（1）性格

教师的性格对课堂氛围、班级气氛和学生学习的积极性等有着直接的影响。通常，性格外向、充满激情的教师所组织的课堂也会更有张力。在这种气氛下，学生的学习也会更有热情，学习效果也会更好。英语教师最好能外向、活泼，也能沉着、冷静，这样才能让课堂既生动活泼，又井然有序。

（2）情感

教师是为学生服务的，所以应热爱教育事业，甘愿为学生付出。高校英语教师肩负着引导学生健康成长的重任，所以必须具有强烈的责任感和责任心。教师要真诚地对待每一位学生，及时表扬、鼓励学生的进步，指导、分析学生存在的问题。教师要热爱自己的学生，对所有学生一视同仁，不能以学生成绩的高低作为评判学生好坏的标准。在课下，教师应该投入时间和精力观察每位学生的性格特点，关心、关爱学生，努力建立良好的师生关系。

（3）意志

在具体的教学过程中，教师会遇到各种问题和困难，所以，教师要具有解决困难的勇气和信心。英语教学工作是一项持久的、不可任意中断的教学工作，所以需要英语教师具有持之以恒的精神和意志。与此同时，在教学过程中，英语教师还要具有不断发现问题和解决问题的能力，这也属于对教师意志上的要求。

4. 以学生为中心的教学意识

在现在的高校英语教学模式中，所有的学生在一起会形成一个多元文化语境。他们来自不同的地区，具有不同的成长背景，这就使得他们有着不同的接受能力、不同的思维方式等。如果教师对所有学生都一视同仁，那么必然会削弱学生学习的积极性和主动性，也势必会导致教学效果不佳。

在翻转课堂教学模式下，教师应该"以学生为中心"，自己的角色也需要改变，从原来控制课堂的控制者转变为辅助学生进行英语学习的辅助者，同时对待每一位学生都应该持有平等、公平的姿态。教师要意识到每个学生的文化差异和多样性，然后因材施教，让学生成为教学的主体，展现学生的个性，从而使学生更好地在多元的环境中习得英语这门语言。

5. 驾驭教材的素质

教学的开展离不开教材，教材是教学开展的基础，也是教学内容的重要载体，一名优秀的英语教师应该能透彻地理解其所使用的教材。具体而言，高校英语教师应具备对教材的使用和评价两种能力。

（1）对教材的使用能力

①补充或删减教材内容。英语教师在使用教材时应该能根据实际的教学情况，对教材的内容做适当的补充或删减，以便更贴近学生的实际生活，满足学生的需要。这里的补充或删减并不是任意进行的，而是要在保证不影响教材完整性和系统性的前提下进行。在必要的时候，英语教师要与学生进行协商，决定是否补充或删减某些内容。

②扩展教学内容或者活动步骤。并不是所有教材中的教学活动的难度都与学

生的水平相符，当与学生的学习水平不符时，就会导致教学效果不佳。因此，教师有必要根据英语教学的具体情况和需要，适当调整教学活动设计的难度。如果教师认为教材中教学活动设计得太容易，那么可以对活动做适当的延伸，如在阅读理解的基础上，增加词汇训练、展开讨论或辩论，甚至可以进行写作训练等；如果教师感觉英语教材中教学活动设计得太难，那么也可以适当扩展活动的步骤，增加一些有提示性的步骤，降低活动的难度。

③调整教学方法。受客观条件的影响，学生的英语水平存在较大差异，另外，教学具体情况也是不同的，所以，英语教材中推荐适用的教学方法并不适用于所有的学生和教学实践。此时，教师可以根据学生的特点和具体的教学情况，对英语教学的方法进行调整，以达到更好的教学效果。

④调整教学顺序。英语教材中安排的教学顺序并非全部合理，教师可以结合教学实际情况进行调整。为了提高学生的英语学习动机，教师在调整教学顺序时应有意识地将教学内容与社会现实生活联系起来。此外，教师在调整教学顺序时，应注意教学内容之间的关系，遵循循序渐进的原则，不可随意调整。

⑤对教材使用情况进行总结。在教学进行一段时间之后，教师应对教材的使用情况进行总结，以了解该教材使用的效果。在对教材的使用情况进行总结时，英语教师应考虑如下几个方面：

第一，教师和学生是否满意此教材。

第二，使用此教材进行教学是否达到了设定的目标。

第三，使用此教材是否有利于提高英语教学的效果。

第四，在使用此教材时发现其中有哪些优点和不足。

第五，此教材的哪些方面需要进行调整。

（2）对教材的评价能力

学生在学习英语的过程中除了使用英语教材，还会使用一些辅助材料，这就需要教师具备一定的教材评价能力，能够帮助学生选择合适的教学材料。高校英语教师的教材评价能力体现在以下几个方面：

①教学的指导思想。在评价教材时，教师应该先评价教材体现的教学指导思想，分析其思想是否与学科的最新研究成果相吻合。教学指导思想具体的内容有

关于对语言的认识，对语言学习的认识以及对语言教学的认识。

②教材内容的选择与安排。教学内容的选择与安排往往会决定教师要教什么和学生要学什么。教材内容的选择与安排应该以英语教学的目标——培养学生综合运用语言的能力为基准。然而，英语语言能力的形成是以基础语言知识、基本语言技能、学习策略、情感态度、跨文化意识和英语能力为基础。因此，英语教材必须涵盖以上内容。英语教师评价教材的内容应该看其是否符合语言学习的基本过程的规律。

③所采用的教学方法。英语教学方法决定了教师要怎么教和学生要如何学，可以为教材内容的选择、安排以及教学活动的设计提供具体依据和参照。因此，教师在对教材进行评价时，要看其是否体现了先进的教学方法。当然，教材编写应该主要以某种教学方法为基础，同时吸收其他方法的长处。

④教材的组成部分。一套完整的立体化英语教材是由教师用书、学生用书、练习册、多媒体光盘、录像带、录音带、卡片和挂图等组成的，这些部分各有侧重，各具特色，构成了教材有机的整体。

⑤教材语言素材的真实性、地道性。英语教材选择的语言要与现实中使用的语言基本一致，具备真实性、地道性。

6. 信息素质

在所有素质中，信息素质是一个最不可忽视的方面。因此，各国教育界都特别注重对个人信息素质的培养，很多国家从中小学起就抓孩子的素质教育。但是，对于中国来说，信息素质教育起步较晚，很多资料表明，我国高校教师的信息素质早已无法适应当今教育信息化对高等教育发展的需求。对我国一些大学的英语教师信息素质的调查表明，当前我国高校英语教师信息素质的不足主要体现在以下四个方面：

①较低的信息占有率。在信息化社会中，各种各样的超文本的知识信息正通过不同的媒体充斥着社会的各种场所，而一些教师却只在纸质文献中查找资料，并不借助网络文献和数据库等。

②较差的信息鉴别能力。很多教师对于互联网上的各种信息都非常茫然。这并不是因为技术上的限制，而是因为他们对知识的细分不甚了解，对检索方法知

道得较少，所以经常不知道如何鉴别哪类信息是自己需要的。

③较弱的信息选择能力。一些教师因为对文献分类检索很陌生，所以对同类文献信息就缺乏选择余地，一些教师甚至连写好的论文都不知道怎样给出分类号。

④薄弱的利用信息的技能。一方面，有的教师缺乏信息意识，对知识信息的求知欲仅局限在自己的本专业；另一方面，有的教师对于通过网络与外界交流，坐在家里轻松学习这一变化还没有做好思想准备和适时应变的措施，所以无从把握网络环境下的信息资源，更不能适应网络信息检索工具的多样性和复杂性。

2002年3月，教育部发布了《教育部关于推进教师教育信息化建设的意见》，并提出"十五"期间教师教育信息化建设的发展目标，具体包含以下三个目标：

①加快以各级各类师范院校为主体的教师教育机构信息基础设施和资源建设，逐步构建全国教师教育信息化网络教育体系。

②全面推进现代信息技术和教育技术在教师教育中的普及和应用，显著提高中小学教师的信息素养，促进信息技术与学科课程的整合。

③积极促进教师教育教学方法和手段、管理体制和办学方式的改革创新，探索并初步构建信息环境下教师教育的有效模式。

由此可以看出，教育部给学校里对信息技术教育和信息技术教育应用这两个课题的研究和解决包括学校的教育信息化都给出了明确的研究方向以及具体的操作方法。我们应该认真贯彻落实《教育部关于推进教师教育信息化建设的意见》提出的精神和要求，对学校的教师进行广泛且有深度的信息技术与基于信息技术的教育技术的培训，以提升教师的信息素养和教育信息能力，最终促进学校与教师双方面的教育信息化。

总的来说，教师应该具备以下几个方面的信息素质：

①教师需要对信息、信息社会、教育信息化有基本正确的理解；要关心教育信息化的进程，积极投身于学校教育信息化的工作中。

②教师要认识获取信息资源对教育工作的重要性，为了解决学习和教育教学工作等遇到的问题，可以明确自己的信息需求，灵活地通过各种渠道迅速获取有效的信息。

③教师可以有效地吸收、存储、快速提取和发送信息，也能够较好地管理自己搜索到的或生成的信息。

④教师能够准确、高效地解读信息和批判性的评价信息，可以通过批判性思考的方式进行信息应用。

⑤教师能够有效地整合相关信息，创造性地用信息解决问题，用尽可能多的表达方式表达、呈现自己生成的新信息。

⑥教师要具备较强的信息道德意识和信息安全意识。

三、翻转课堂模式下的高校英语教师专业发展与提升路径

在翻转课堂模式下，高校英语教师的专业发展面临着专业意识欠缺、专业能力薄弱等问题。对此，教师应该立足现在，展望未来，培育专业意识，丰富专业知识，大胆反思，从而成为一名合格的教师。本书将对翻转课堂模式下的高校英语教师专业发展创新路径进行具体说明。

（一）专业引领

专业引领是英语教师发展的一个有效途径。目前，我国的高校英语教学改革正在逐步深入，"先进的理念只有通过研究者与骨干教师等高层次人员的协助与带领，才能促进教师的发展"①。

专业引领人员可以是教育研究的专家与行家，可以是专业研究人员，也可以是资深的专家型教师。高校英语教师可以通过向这些专业人士学习来接触本领域中先进的教学思想、经验和技术，逐渐促进自己的发展。

1. 专业引领的基本要求

（1）专业引领要有明确的目标、正确的内容和恰当的方法

高校英语教师发展的总目标是使英语教师掌握新的知识信息，提高专业素养。受个体差异影响，英语教师的专业发展方向和水平也存在很多差异。因此，在进行专业引领时，应根据教师的实际情况制定科学合理的目标，选择针对性强的内

---

① 孟丽华，武书敬. 网络环境下大学英语教师专业素质发展研究 [M]. 北京：外语教学与研究出版社，2015.

容和引领的方法，充分发挥专业引领的作用，促进教师的专业发展。

（2）充分发挥专家与英语教师的能动性和积极性

在引领过程中，由于引领人员不同，侧重点也会有所不同。科研专家引领注重教育教学理论，科研人员引领关注教育教学理论与教育教学实践的有机结合，骨干教师引领则重视教育教学活动中的具体实践操作。

无论哪一类引领人员，都必须具备较高的引领能力，既能在理论方面提出指导，又能参与授课英语教师的教学活动，还要善于分析、评价授课英语教师的具体教学实践活动，提出指导意见，采取有效方法帮助授课英语教师开展教学活动。

被引领的英语教师应主动配合引领工作，认真听取专业引领人员的意见，对自己的教学活动及时总结、反思、积极探索，逐渐提高自己的综合素质。

（3）专业引领要到位而不越位

专业引领人员的引领只是为授课英语教师提供必要的帮助和引导，并不是代做，不能越俎代庖。在引领的过程中，授课英语教师才是主体，其独立思考和实践活动不能被专业引领人员所取代。这就要求专业引领人员要坚持对授课英语教师进行专业引领，使他们可以独立地研究教育理论和实践，从而提升他们的理论和实践水平。

2. 专业引领的操作方法

（1）阐释教育教学理念

高校英语教师的教学行为可能会受到教学理念的影响，因此在专业引领中，专家、骨干教师等应该尽可能引导授课高校英语教师熟悉和掌握教学理念，可以采用讲座或者报告等形式。

（2）共同拟订教育教学方案

当普通的高校英语教师掌握了先进的理念之后，专家、骨干教师应该与授课英语教师共同探讨先进的教学方案。在这一过程中，专家、骨干教师不仅是引领者，还需要对授课英语教师的教学设计提出建议、给予指导，从而让授课英语教师的教学设计更为完善。在专家、骨干教师等的引领下，授课英语教师能够顺利地制定出与教学理念相符的教学方案，并将这一方案付诸实践。

(3) 指导教育教学实践尝试

在制定完教学方案之后，就需要将其付诸实践，从而对教学方案进行验证。在验证时，专家、骨干教师应该参与其中，记录授课英语教师的教学行为，从而与具体的方案进行对比，找出差距。在授课英语教师结束课堂之后，专家、骨干教师与授课英语教师进行分析和探讨，对教学方案进行修订，从而使方案更完善、更切合实际。

(4) 引导反思教育教学行为

在教学实践结束之后，专业引领人员应组织授课英语教师对自己的教学过程进行反思和总结。授课英语教师要简要阐述自己的教学设计思路、教学设计的具体实施情况、课堂中的问题等，再进行自我反思，做出总结，查找不合理的教学方案设计原因，并研究解决问题的方法。此外，其他参与课堂教学活动的教师也要对授课英语教师的教学进行评价，并提出建议。最后，授课英语教师总结各种意见，同时将其运用于以后的教学活动中，不断总结、反思、实践、再实践、反思，达到理论与实践的统一。

（二）校本督导

校本督导是由学校成员参与的自主与合作的指导过程，旨在促进教师发展，改进学校教育实践。

1. 校本督导的内容

校本督导的内容主要包括以下几个方面：

（1）英语教师专业发展

这是最基础的内容，要注重教师的教学技能的稳步提升和发展。

（2）英语教师个人发展

这要求注重教师的满足和稳定，关注教师在身体、家庭和感情等方面的提高。

（3）学校组织发展

学校组织发展重点关注教师生活质量的提高、学校发展目标的实现和学习组织氛围的改进。

这三个方面的内容见表 5-3-2。

表 5-3-2　校本自主督导的内容

英语教师专业发展	英语教师个人发展	学校组织发展
专业知识 实践能力 教学方法 教育哲学和教学观教育目标和教育计划 课程与教学 指导与咨询 教师管理 教育研究 教育信息与教育热点问题 交叉学科 ……	身体与心理健康 人格与气质 家庭生活 兴趣与业余爱好 素质 职业操守 人生观与道德观 社会活动 ……	学校管理的计划与评价 学校组织 沟通与决策 人际关系 人事制度 学校财政 学校规章制度 学校与社区的关系 学校与家长的关系 校园环境和氛围 教学设备与媒介 ……

需要注意的是，英语教师专业发展、英语教师个人发展，学校组织发展三者之间并非独立存在的，而是相互重叠，相互作用的。教师专业发展以教师个人发展与学校组织作为支撑点和保障。

2. 校本督导的方式

对于督导方式的选择，英语教师应结合实际情况来选择。下面介绍几种常用的督导方式：

（1）常规督导

常规督导是一种有效的督导方式，是指由学校主管教学的行政人员或院系主任定期组织听课，对教师的教学活动和课堂行为进行观察，从而提出意见，提供帮助。

（2）自我督导

自我督导是指教师制定专业发展规划，独自实施并完成该规划，实现自我发展。自我督导的方式有很多，如参加相关座谈会与研讨会、组织学生评价自己的教学活动、阅读专业杂志与研究报告并加以分析、借助录音或录像来分析自己的教学行为等。

（3）同伴督导

同伴督导是在英语教师与同事之间的一种督导。教师与其他教师具体可通过专题讨论与研究、经验分享和听课等方式进行督导，从而提高教学质量，促进自身发展。

（4）教学督导

教学督导主要是指督导者对被督导的教师进行有针对性的帮扶活动，旨在提升教师的教学技能。这一方式是面对面进行的，常用的手段包括诊断性督导、对新教师进行咨询活动、微格教学技术等。其中，最常用的教学督导方式是诊断性督导。诊断性督导的帮助对象往往是新进教师、缺乏授课经验的教师或有教学问题的教师。

总体而言，社会的高度发展促使信息技术大大发展，基于网络技术的翻转课堂模式也在蓬勃发展，并备受关注。因此，在翻转课堂中，教师所扮演的角色也引起了更多的关注。在翻转课堂中，高校英语教师被赋予了更加重要的责任，旧有的知识体系和教学模式已经无法满足时代的要求。在这种新兴的教学模式下，教师需要准确理解自身的角色，重新建构知识体系，转变教学理念，提升专业水平。

第六章　高校英语阅读教学的信息化改革

当今社会是信息化社会，互联网迅速发展，高校英语阅读教学迎来了新的变革。本章为高校英语阅读教学的信息化改革，主要从两个方面展开介绍，一是高校教师信息化教学能力分析，二是信息化背景下高校英语阅读教学的改革与创新。

第一节 高校教师信息化教学能力分析

一、高校教师信息化教学能力知能结构

（一）信息化教学能力的概念和内涵

教师从事教学活动所应具有的各种能力总和就是教学能力（《简明心理学辞典》），这些能力分为教学与有关的组织、协调、监控、传播知识以及对学生学习做出正确评定等方面的能力。教师信息化教学能力的上首概念就是教学能力。20 世纪 90 年代，南国农先生在考察教学时从信息技术的方向，提出了一个成为研究教师信息化教学能力起点的概念——信息化教学。教师信息化教学能力随着时代的进步与科技的发展，其内涵也在不断演进发展。

21 世纪初，诸多学者从信息技术建构教学环境的视角对原有教师教学能力的内涵进行了扩展，其中以顾小清教授提出的五维信息化教学能力及国际培训、绩效、教学标准委员会（IBSTPI）提出的教师能力（Instructor Competencies）标准最具代表性。21 世纪初期，各国政府相继颁布了教育信息化发展战略，促进教师信息化教学能力慢慢分化为面向教育教学系统资源的设计、开发、利用、管理和评价的教育技术能力，其间成果以美国推出的美国国家教育技术标准和我国的中小学教师教育技术能力标准（CETS）最为典型。研究发现，导致教师能力标准实施与研究过程常常不够聚焦的主要原因是教育技术能力视野下的教师信息化教学能力范畴过于宽泛，部分学者从信息技术与课程整合的视角进行界定，美国学者科勒（Koehler）与米什拉（Mishra）提出的整合技术的学科教学知识（TPACK）（Technological Pedagogical Content Knowledge）和何克抗教授提出的信息技术与课程整合理论成为这一阶段研究的代表。TPACK 以"技术—教学法—内容—知识"为框架，因此这一理论框架又被称为"整合技术的学科教学知识"。

近年来，随着互联网技术的不断发展，人们逐渐关注数字时代教师教学能力的变革与创新，教师信息化教学能力的研究开始更加注重教师理解驾驭信息、利

用信息技术开展高效学习和展现数字化公民道德意识与责任等问题。联合国教科文组织于2012年发布的"教育信息与通信技术能力框架"同美国大学与研究图书馆协会（ACRL）提出的"高等教育信息素养能力标准"成为当下开展研究的重要依据。

（二）教师信息化教学的知识结构

CK（Content Knowledge），即学科知识；PK（Pedagogy Knowledge），即一般教学法知识；TK（Technology Knowledge），即技术知识，是TPACK知识框架中三种基本的知识要素。四种综合性的知识就是在这三种基本知识要素相互结合中产生：PCK（Pedagogy Content Knowledge），即学科教学法知识；TCK（Technology Content Knowledge），即整合技术的学科知识；TPK（Technology Pedagogy Knowledge），即整合技术的教学法知识；TPACK（Technological Pedagogical Content Knowledge），即整合技术的学科教学法知识。

信息化社会中教师的知识结构教学能力显示出明显的层次感。由于在教学中对教师的教学能力有不同要求，由此教师信息化教学能力的知识分为以下三个方面：

1. 第一层次知识

学科知识、一般教学法知识、学科教学法知识和教学技术知识这四种知识是教师信息化教学能力的知识基础，也是第一层次的知识。

学科知识是教师进行学科教学的专业知识储备，分别由教师所从事学科的专业的知识、概念、理论、方法以及有关的学科理论等构成。

适用于教学的一般性原理、策略和方法的是一般教学法知识，为了推进教师教学和学生学习的一般性的教育教学知识过程，需要在前期完成教学的准备、教学的实施、教学的管理、教学的评价以及对教学目标和教学过程的认识等。

学科教学法知识是由舒尔曼提出并得到一致好评的知识，也是学科知识和一般教学法相互结合。为了简化教与学的过程，学科教学法知识包含对学科知识的表达、传输和呈现等。

教学技术知识，即在教学过程中应用教学媒体和手段来实现教学的应用知识，涵盖教科书、粉笔、黑板、模型、教具等的熟练使用，当然也涵盖幻灯、投影、广播、电视、计算机、互联网等应用的硬件知识和技能的熟练使用。

2. 第二层次知识

教师信息化教学能力的知识主体是信息化学科知识和信息化教学法知识。这两类知识是第二层次的知识。

教学技术与学科知识互相结合后的知识就是信息化学科知识，学科知识在信息化教学技术的帮助下表达、呈现和扩展更方便、更灵活。当然，教学技术的恰当选择也需要参考具体、合适的学科内容。

教学技术与一般教学法组合后构成的新知识就是信息化教学法知识。在教学过程中加入教学技术之后，教学技术的介入使教学中的要素发生了变化，因此，产生了网络环境下的探究式教学、协作教学以及基于信息技术环境下的情景教学等一些新的教学方法，也巩固拓展了原有教学法。

3. 第三层次知识

信息化学科教学法知识是教师信息化教学能力的最高知识要求，也是第三层次的知识。

信息化学科教学法是由教学技术与学科知识、一般教学法组合而呈现出的一种特殊的知识，是教师信息化教学能力的高级知识要求，也是教师在发展教师信息化教学能力过程中寻求知识的最高境界的过程。第三层次的知识是学科知识、教学法知识、教学技术知识的组合与动态平衡，甚至已经凌驾于这三种知识的意义之上。为了推进教师信息化教学能力的更好发展，在具体的学科教学中，要合理使用正确的教学技术，设置适合学生学习的信息化教学情景，拓宽教师的信息化教学，促使学生发展信息化学习能力。

（三）教师信息化教学的能力结构

信息化教学迁移能力、信息化教学融合能力、信息化教学交往能力、信息化教学评价能力、信息化协作教学能力和促进学生信息化学习能力这六种子能力构成了信息化教学能力

1. 信息化教学迁移能力

迁移是教育心理学提出的一种学习对另一种学习所产生的影响的概念，大部

人非常认可这一概念。有的学者认为，迁移是用新的方式或在新的情境中运用知识；有的学者认为迁移是把在某个情境中学到的东西迁移到新情境中的能力。首先是横向迁移，即不同信息化教学情景中的教学适应能力迁移；其次是纵向迁移，即信息化教学知识技能的转化迁移。这是教师信息化教学迁移能力的两个实际内涵。教师信息化教学能力的基本能力和教师信息化教学能力可持续发展的必要条件就是教师信息化教学迁移能力。

（1）信息化教学纵向迁移能力

在学习中获得的知识技能够被教师用于解决信息化教学中的实际问题，也能够用于实际的信息化教学活动中，这就是纵向迁移能力。在实际的信息化教学情景中，在解决现实中的各种信息化教学问题时，教师需要使用通过学习所获得的信息化教学知识和技能，还需要通过迁移有效解决信息化问题。从这个方向看，信息化教学知识技能向信息化教学能力转化的至关重要的因素是迁移。其实，这也就是人们常说的"学以致用"。

（2）信息化教学横向迁移能力

某种信息化教学活动在另外一种新的信息化教学情景中不能适用。教师在信息化教学情景中将已有的教学经验创造性地运用到新的信息化教学情景中的能力就是横向迁移能力，教师将原有的信息化教学能力结构进行了拓展和延伸。在信息化教学情景中，教师需要借助已有教学经验和参考他人的成功做法把握教学情景、选择恰当的教学活动和教学方式、应用教学媒体、把控教学活动的程序等，通过这些在新的信息化教学情景中达到创造性地有效教学的目的。这实际就是抛砖引玉、融会贯通。

2.信息化教学融合能力

信息化教学融合能力可划分为三个具体的子能力：

①信息化学科知识能力主要是指融合信息技术与学科知识的能力，形成新的学科知识形态需要信息技术与学科知识相互融合，新的学科知识形态是已有学科知识的形式上的创新呈现以及内容上的拓展，是一种能力要求，需要教师信息化学科知识。

②信息化教学法能力主要是指融合信息技术与一般教学法的能力，是一类新

的知识类型，由信息技术与一般教学法相互融合而成。教师应该具有融合信息技术与一般教学法的能力，与此同时，还需要能够驾驭信息化情景中许多基础的教学原理、方法和策略等。

③信息化学科教学法能力主要是指融合信息技术和学科教学法的能力，是一种特殊知识形态，由信息技术、学科知识、一般教学法三者相互作用、相互综合而形成的，所以，教学技术的知识和学科教学法知识就是教师必须掌握的知识，教学技术与学科教学法融合能力也是教师必须具有的能力。在信息化社会中，为了促进学生各种学习能力的全面发展，有效提高教师的教学效率和效果以及提升教师信息化教学能力，在新的学科知识形态和新的学科教学方法与策略的基础上，需要教师融合信息技术与学科内容知识、教学法，使各类知识内容和各种方法策略得以发挥优势。

3. 信息化教学交往能力

教学是"沟通"与"合作"的活动，这是日本学者木下百合子所提出的。叶澜教授[1]则提出，人类的教育活动起源于交往，在一定意义上，教育是人类一种特殊的交往活动。在信息化教学情景中，教师和学生形成一种交换彼此思想和感情、促进师生间的交流和沟通的教学能力，这就是信息化教学交往能力。它以发展学生能力为首要目的。信息化教学交往能力要求教师在开展信息化教学过程中表现出交往能力，在教学活动中师生之间的信息化互动使教学信息化交往得到实践，这展现了教学活动中教师与学生之间的一种关系。教学在信息化社会表现为学习知识、传授技能以及发展学生学习能力和学生生命的成长，因此需要教师与学生实现交往的有效性。在信息化社会中，选择化和互动化的特点呈现在教师的教学方式中，因此，合作、对话、交流、探究和实践等学习方式也同样出现在学生群体中。信息化课堂教学交往能力和信息化媒介教学交往能力构成了教师的信息化教学交往能力。

（1）课堂信息化教学交往能力

在课堂信息化教学情景中，师生之间的教学交往能力就是课堂信息化教学交

---

[1] 叶澜. 新编教育学教程 [M]. 上海：华东师范大学出版社，1991.

往能力。实现师生之间教学交往的多样性，重新定义师生之间的教学交往关系和角色是课堂信息化教学过程中需要做到的。信息化情景中学习过程的设计者、学习资源的开发者、学习活动的组织者、引导者和管理者都是由教师担任的，而学生应是积极主动的学生。教师在课堂信息化教学情景中要与学生实现交流和沟通的信息化，使学生有平等对话的权利。教师需要指导学生的信息化学习，促进学生学会在信息化环境中学习。教师还要合理协调课堂的信息化教学活动，既要协调学生的学习，也要协调教学活动序列，确保有序、顺利地开展课堂信息化教学活动。信息化的教学协调能力能够有效保障教师课堂信息化教学交往的正常进行。教师的课堂信息化教学交往能力成为促进教师有效教学和学生有效学习的重要能力保障。

（2）虚拟信息化教学交往能力

师生之间在虚拟的信息化教学情景中的教学交往能力就是虚拟信息化教学交往能力。信息化社会中的教学交往能力实质上往往是一种虚拟信息化教学交往能力，在虚拟的学习环境中，为了保障学生学习顺利开展师生之间要进行有效教学交往。

虚拟信息化教学交往能力在虚拟学习环境主要内容有三个方面：

①教师为学生提供学习支持，监控学生的学习行为，通过虚拟的学习环境尽可能解决学生学习中遇到的各种问题。

②虚拟信息化教学交往能力在虚拟学习环境主要形式有三个方面：一是教师与学生个体之间的虚拟信息化教学交往；二是教师与学生群体之间的虚拟信息化教学交往；三是学生与学生之间的虚拟的对话交流与合作交往。

③虚拟信息化教学交往既包含了师生之间、学生之间的交往，又包含了师生与学习内容和学习活动的交往，是一种多元化的信息化教学交往。

4.信息化教学评价能力

教师的信息化教学评价能力，主要是指合理的有价值地判断教师的信息化教学和学生的信息化学习，能够适当的调整教师在信息化情景中的教学行为，使学生的学习行为更加规范，以达到优化教学过程的目的。信息化社会的教学评价是对教师的教学评价的关注，更是对学生的发展和学生整体素质提高评价的强调；

既是对评价结果的关注，也是对动态过程评价的强调。信息化社会中的教学评价包含这些评价特点——发展、全面、多元和动态。教师的信息化教学评价能力既是评价学生信息化学习的能力，也是评价教师信息化教学的能力。

（1）评价学生信息化学习的能力

信息化社会中的教学评价既要体现对学生个体的发展和个体的差异的关注，也要体现信息化情景中对学生创造性的学习能力和强化综合素质的关注；既要体现在信息化学习中对学生知识技能评价的关注，也要体现在信息化学习中对学生发展实践能力和培养情感评价的关注，改变以往单一的评价方式，形成学生全面发展的全面评价方式。信息化学习的评价对学生来说是有较强的引导性，以促进学生发展信息化学习能力、提高学生的信息化创造性实践能力为评价的主要标准。

（2）教师信息化教学的评价能力

信息化教学的评价比较在意结果的评价，既看重教师信息化教学能力的评价，也看重促进教师有效教学的教师信息化教学质量评价，要求促进教师专业发展的发展性教师信息化教学评价，有助于教师持续提高信息化教学能力素质和专业业务水平，对教师信息化教学的过程实现动态评价。在信息化社会中，教师信息化教学的评价以教师的专业发展为重点，注重教师的未来发展、重视教师的信息化教学能力，着重培养教师的主体意识和创造性能力，以教师为中心、以教师个体为理念实现发展性动态教学评价。

5. 信息化协作教学能力

教师在备课、教学观摩、教学活动、科学研究等方面集中有效的协作就是传统意义上的教师协作教学。信息化社会使教师协作教学出现了可能性，使教师协作教学的能力得到了拓展和延伸。

《信息和传播技术教师能力标准》是由联合国教科文组织发布的，其中指出教师应能够运用网络资源来帮助学生开展协作、获取信息和与外部专家进行沟通，以分析和解决特定问题，还指出教师必须具备技能和知识，以创设和管理复杂的项目，并与其他利用网络来获取资料的教师、同事和外部专家合作，促进自身的职业发展。同时，《信息和传播技术教师能力标准》进一步强调教师必须能够打造基于信息和传播技术的知识团体,并运用信息和传播技术来支持培养学生的知识创造技能及其持续不断的反思型学习,并进一步提出了教师应能够发挥领导作用,训练同事,并建立和执行一个关于其学校的远景:一个以创新和持续学习为基础、并因信息和传播技术而更加丰富多彩的社区。

在信息化社会中,教师应该发展信息化协作教学能力并且拥有信息化教学集体智慧,借助数字化网络资源与同事、专家共同努力,创造出关于信息和传播技术的集体教学知识并培养多元化的集体教学能力,使学生能够有效学习和发展创新能力,同时也成就了教师的职业。目前,许多国家已普遍关注教师信息化协作教学能力的相关研究,这也是关于教师信息化教学能力发展研究拓展出的新领域,是教师面临各国对相关教育技术能力提出的新要求,在未来发展中需要我们进一步关注和研究。

6. 促进学生信息化学习能力

在信息化社会中,教师的教学能力面临着新挑战,与之对应的学生的学习能力有所变化。在过往的相关研究中,表明信息化环境中有效提升教师教学能力和促进教师专业的发展。目前,人们主要把学生的能力发展方面作为核心问题来研究。教师发展教学能力的主要目的是促进学生学习能力的发展,这种变化趋势从各个国家相关的教师教育技术能力标准的要求中呈现出来。实际上,教师发展信息化教学能力是为了发展学习风格不同和学习策略不同的信息化学习能力,在此基础之上希望能将"促进学生信息化学习能力"的要求放在教师信息化教学系列,并置于教师信息化教学能力的结构关系图中的子能力中间。信息化教学能力对教师提出的新要求包括促进发展学生信息化学习能力,促进全面和谐发展具有生命活力的人。

知识是能力的根基,需要将知识转化为能力。学习知识的目的是获得能力,是获得利用知识解决问题的能力,能够综合运用知识,分析解决具体问题,从而体现出一个人的能力。信息化教学能力知识体系与信息化教学实践的有机融合展现出教师的信息化教学能力。

二、高校英语教师信息化教学能力现状及对策

（一）高校英语教师信息化教学能力现状分析

由上文可知，知识结构和能力结构组成高校教师信息化教学能力知能结构。三个层次的知识组成教师信息化教学能力的知识结构：第一层次由四类知识构成，分别为学科知识、一般教学法知识、学科教学法知识和教学技术知识，第一层次的知识是教师信息化教学能力的基础知识。第二层次由两类知识构成，分别为信息化学科知识和信息化教学法知识，第二层次的知识是教师信息化教学能力的主体知识。第三层次的知识只有信息化学科教学法知识，这是教师信息化教学能力的最高级知识条件。

在教师的信息化教学能力结构框架中有六种子能力，这六种子能力分别是信息化教学迁移能力、信息化教学融合能力、信息化教学交往能力、信息化教学评价能力、信息化协作教学能力、促进学生信息化学习能力。

1. 教师信息化教学的知识结构分析

当前各高校引进的英语教师基本上是英语专业硕士毕业，一些硕士以下学历的中年教师通过在职学习的方式获取了相关硕士学位。因此，从整体上说，其实高校教师基本拥有比较扎实的学科知识、一般教学法知识、学科教学法知识和教学技术知识。

一般来说，学习信息化学科知识和信息化教学法知识是通过学校组织的培训、英语教师的自学来获取的。从目前来看，学校组织的信息化学科知识和信息化教学法知识培训数量有限，且时间较短，而高校英语教师对这两类知识的学习因人而异，兴趣、动力不一，因此，从整体上而言，高校英语教师这两方面的知识需要大力夯实。

信息化学科教学法知识涉及如何在本学科教学中运用信息化教学。基于信息化的英语教学法相对其他教学法，近年来系统性、完整性的研究不多。加之信息技术迭代较快，英语教学法必须随之发生变化、改进和完善。基于信息化的英语教学法是随着信息化的发展变化而变化的，在进度上落后于后者。高校英语教师

基本上是文科出身，对信息技术的认识了解较少。因此，信息化学科教学法知识是当前高校英语教师知识结构的薄弱之处，需要大力加强。

2.教师信息化教学的能力结构分析

（1）信息化教学迁移能力

一般而言，在高校英语教师群体中，中青年教师对信息化教学方法的学习兴趣会更为浓厚。教师的学习动机影响着自身信息化教学迁移能力的提升，如教师对配音 App 感兴趣，能熟练使用该类软件，就会在教学中使用该软件激发学生学习英语口语。教师能使用 Camtasia Studio 软件进行视频、音频编辑后，就能在口语教学时指导学生拍摄英语微电影，激发学生学习英语的动机。总体而言，在高校英语教师群体中，超强的信息化教学迁移能力体现在中青年教师群体中。

（2）信息化教学融合能力

信息化教学融合能力范畴不包含信息化教学融合意识，但是，如果高校英语教师无意识或意识不足，那么其信息化教学融合能力强就是空中楼阁。整体而言，高校英语教师普遍对信息化教学有较强期待，希望通过信息化教学完成减轻教学负担，促进专业发展，提高工作效率，并希望通过网络了解自身专业发展动向。但是，高校英语教师这个群体仍需提升信息化教学融合意识。

目前，通过观察高校英语教师使用信息化产品的频度可以发现，基于 ppt 的多媒体教学是高校英语教师使用频度最高的信息化教学手段，也是教师们使用最为娴熟的。交互式电子白板和电子书包使用较少，一方面表明高校英语教师对此了解较少，应用不足，相应的在此方面的信息化教学能力相对不足，可能导致一些问题，如交互式教学效果不理想；另一方面，可能在认识上会认为该软件或工具功能有限，从而在教学行为上很少使用此类软件或工具，形成非良性循环。在使用软件进行信息化制作的频率方面，基本上得分从高至低依次是文字处理、图片处理、视频处理、音频处理、网页制作和动画制作。这样的排序与软件的学习使用难度基本上保持一致。这说明英语教师对教学软件处于最基本的文字和图片处理阶段，对于难度较高的软件掌握得不够好。

根据相关调查，在基于信息化的高校英语教学方法中，根据使用频率，排名从高至低依次是合作学习教学法、任务驱动式教学法、基于项目教学法、探究式教学法、基于问题教学法、虚拟仿真实践教学法。可以发现，英语教师所使用的英语教学方法与高校的教情、学情紧密相关。高校英语教师在教学中常采用合作学习教学法、任务驱动式教学法等的教学方法，具有较强针对性。在信息化教学中，与信息化元素进行整合、重组，能生成出基于信息化的合作学习教学法、任务驱动式教学法。虚拟仿真实践教学法对软件的应用性、课程的适用度、教师的信息使用能力有较高要求，因此，该教学法使用频率低也在情理之中。

（3）信息化教学交往能力

信息化教学交往能力分为课堂信息化教学交往能力和虚拟信息化教学交往能力。总的来说，高校英语教师课堂信息化教学交往能力非常强大，普遍意识到英语课堂教学必须有很强的互动性，才有可能吸引学生的参与，才有可能提高教学效果。因此，在信息化课堂教学中，英语教师非常在意学生是否参与其中，注重学生的反馈，并会及时进行调整。高校英语的虚拟信息化教学交往能力主要体现在英语教师通过微信等即时通信软件向学生布置学习任务，答疑解惑，进行生活和学习上的沟通。整体而言，无论是在实体教室中，还是在虚拟网络环境下，英语教师都愿意与学生进行平等对话、交流和沟通，显示出超强的信息化教学交往能力。

（4）信息化教学评价能力

在信息化教学评价方面，教师使用较多的是学生自评和互评，教师自我评价应用较少，使用电子档案跟踪学生学习的情况更少，说明高校院校英语教师更愿意发动学生利用信息化手段评价同学。这说明英语教师在整体上没有充分关注对自己的信息化教学评价能力，这一能力需要通过实践加强。

（5）信息化协作教学能力

目前，进行信息化协作主要是通过项目和课题来进行，如在线英语课程资源建设、关于英语信息化教学改革的课题。其特点是由行政部门或负责教师来组织，以某项任务的完成为具体目标，有一定的经费支持。

（6）促进学生信息化学习能力

网络条件下的大学英语教学的特点之一是在时间和空间上非常灵活。高校英语教师一般在教室里面与学生面对面进行教学。在丰富多样的教学软件和网络资源出现后，面对面教学不再是唯一的教学手段。因为，便捷互联网的应用和普及为高校英语教学在时间上和空间上都提供了极大的自由度和灵活度。在没有教师在场的情况下，学生能够根据自己的特点、时间和地点合理安排训练。但问题是，自控能力差的学生能在教师的视野之外认真学习吗？因此，教师促进学生提高信息化学习能力显得尤为重要。从目前情况来看，高校英语教师促进学生信息化学习能力主要体现在对作业和任务的监控上，通过后台获取数据催促学生完成作业和任务，对学生的信息化作业或任务给予评分、评价，向学生传授系统的信息化学习策略不足，促进学生养成良好的信息化学习习惯和自主学习能力。

（二）高校英语教师信息化教学能力的发展特征和策略

综合考虑职前培养教师以及在职培训教师以此来满足积极发展高校英语教师专业及发展教师信息化教学能力的要求，达到职前培养教师和在职培训教师的一体化发展目的，形成教师信息化教学能力终身发展体系并加以完善。在教师信息化教学能力的发展过程中，既存在能力发展的一般性规律，也有能力发展的特殊性规律，教师信息化教学能力的发展具有动态性、实践性和系统性。

1. 高校英语教师信息化教学能力发展的特征

（1）信息化教学能力发展的动态性

教师的持续成长促进了教育的发展和教学的改革，教师能力素质的持续提高推动了教师的专业发展需要。在教师信息化教学能力中，教学技术具有时代发展意义。因此，教师信息化教学能力是千变万化的，一直处于一种非静态变化的状态。在不同的历史时期、社会背景、教育背景下，教师信息化教学能力必须是动态、变化、不确定的，但也有相对的指向性。教师应该适应这种不断变化的要求，相应地发展动态的信息化教学能力。在这种动态过程中，教师信息化教学能力获得持续的发展、完善和提升。在信息化社会中，教师信息化教学能力需要持续更新知识和素质能力、追求新知识以达到适应社会的变化的目的。因此，教师的信息化教学能力在学习、工作和实践中始终是一种变化的发展状态。学习、教学实践和协作教学以及教师信息化教学能力发展的自主性是动态发展的动力，需要教师进行自主学习，以便形成终身学习的意识和能力。

（2）信息化教学能力发展的系统性

发展教师信息化教学能力应该有"源头活水"。

①如果只依赖教师职前学习的知识技能，或是只依赖教师在职参与的一些单一的能力发展项目，则教师信息化教学能力是得不到发展的。发展教师信息化教学能力是指发展知识技能和能力素质的综合性。综合性要求是指知识技能方面的结构要求和其自身能力方面的素质要求。

②在教师信息化教学能力的发展过程中，不同的发展阶段也有不同的侧重点。职前阶段教师更加注重积累知识和模仿技能的学习能力的发展，在职阶段教师则更加注重不同信息化教学情景的迁移融合和具体的信息化教学实践能力的发展。职前阶段和在职阶段能力发展有不同侧重，又有紧密相连的综合性发展。

③发展教师信息化教学能力不仅仅体现了教师的专业化成长，更是与学生的成长、教育的发展和社会的发展有极大的关联。教师的信息化是教育信息化的中枢环节，教育信息化也是社会信息化的重要因素。发展教师信息化教学能力早已不仅仅是单纯的教师的成长，还涉及诸多相关的因素。从增强教师个体成长到促进学生、教育和社会的全面发展这一过程呈现了发展的整体性。

（3）信息化教学能力发展的指向性

教师信息化教学能力发展是一个有目、有指向的过程。从知识结构来看，教师信息化教学能力发展的最终目的是寻求教师的信息化学科教学法知识，教师整体知识体系的发展对教师信息化教学智慧的创造具有指向性。从发展结构来看，教师信息化教学能力的最终目的是提高信息化教学能力，实现教师的专业发展。教师能力素质的发展对学生信息化学习能力的发展和学生的成长具有指向性。教师信息化教学能力明确地指向知识结构和能力素质发展。

2. 高校英语教师信息化教学能力发展的有效策略

在分析探讨教师信息化教学能力的知识和结构时，需要综合考虑教师信息化教学能力发展的内部系统和外部环境，可以从组织策略和个人策略两个维度对高校英语教师信息化教学能力发展的促进策略进行分析。

（1）组织策略

①学校支持。学校既是教师的群体组织归宿，也是教师个体社会属性的体现。

学校是教师参与教育教学活动的场地，也是教师发挥教学能力的舞台。学校在所有促进教师信息化教学能力发展的外部条件中是最直接的促进因素。

完成教师信息化教学能力的发展，需要将其置于特定的信息化教学情景中。在信息化社会中，教师信息化教学能力的基本发展需要学校信息化基础设施建设来保障。所以，学校的信息化教学基础设施建设、教育信息化资源的设计、开发与准备是至关重要的。学校在完善基本的教学设施建设的基础上，需要配备完整的信息化教学基础设施。

在职教师的相关信息技术应用培训，是促进教师信息化教学能力发展的重要步骤。学校需要鼓励、安排教师有计划地参与相关的信息技术能力发展和项目培训，或根据实际情况针对本校英语学科教师，组织教师积极参与校本专门培训。世界各国在国家层面或者是学校层面具备的有关经验是在教师的相关能力培训方面保障时间和经费充足。学校在培训在职教师方面应给予足够的重视与支持，这是因为在职教师培训是促进教师信息化教学能力发展的主要方式和渠道，有计划地引导、组织学科教师对信息化教学进行教学研讨、教学观摩是学校的首要责任，要有目的性地开展信息化教学集体备课、集体讨论和集体教学研究等一系列教师间的信息化协作教学。学校不仅要组织教师在本校进行教师之间的信息化协作教学交流，也要充分使用网络实现在世界各地的地区、学校之间进行相关学科教师的教学交流和对话。这种对话交流不受限制，包括教师间的协作交流，教师与学生、教师与专家的交流和对话。共享教师信息化教学能力发展的经验是建立在充分的教学协作与交流基础之上的。

正确认识和有效认可教师信息化教学能力是学校应该做到的。教师信息化教学能力的有效发挥取决于学校是否能够正确认识教师信息化教学能力。当然，学校层面可以通过给予精神鼓励、物质激励等手段来表达对教师信息化教学能力的发展的理解和支持，并且引导和帮助教师发展信息化教学能力。学校要实现促进教师信息化教学能力发展的目的，要在一种能力发展的氛围中认可教师信息化教学能力。

②基于促进学生发展的教学组织。关于教师的信息技术能力培训在世界范围内发生了一些历史性的演变。一开始在培训教师的相关信息技术能力时，主要注

重培养技术本身。这就造成将教师应用信息技术的能力水平作为评价教师的教学水平的指标的现象。

但是，当前教育改革的趋势已经显示，教师教学能力的提升就是为了促进学生的学习发展。在教师相关信息技术能力培训中，经常会出现的一种现象是，在信息化社会中，学生发展学习的推动取决于教师相关信息技术能力培训的价值取向。教师信息技术能力培训标准价值取向发生的变化在美国和新加坡得到了体现，推动学生发展信息化学习能力是发展教师信息化教学能力的目的所在，这是两国的培训标准强调的主要问题。现阶段的首要目标是将教师能力的规范标准、教学评价和科学研究及时转向，致力于英语信息化教学中学生的发展的研究。所以，需要刻不容缓地建立健全信息化教学中学生发展的评价和引导。

③成长性培训。所谓成长性培训，是指对英语教师的信息化教学能力培训不是一成不变的，而是一个多元、开放、动态的体系，包括职前培养与在职培训的组合模式，传统面对面培训与网络线上培训组合模式，技术知识与实践应用的组合模式。

第一，职前与在职时两阶段的培训相结合。在培养教师能力发展的方面职前和在职时两个阶段有着不同的侧重点。技术知识、技能的学习和模仿是教师职前的主要培训方向，总的来说，教师以获得信息化教学知识和技能为主要目的，偶尔也会安排一些教学实习等教学实践环节。能够在新情景中动态应用并实践知识、技能是教师在职培训阶段主要培训方向，教师在学习应用实践信息化教学的同时也会学习一些技术知识和技能，但仍以实践为主。教师信息化教学能力的知识体系是在教师信息化教学能力的基础上形成的，而后者又作用于前者。

第二，传统面对面培训与网络线上培训组合模式。教师在面对面的传统培训这一有效的培训方式基础上还可以借助其他媒介渠道，如网络媒介来实现自身信息化教学能力的发展与技能的提高。在信息化社会中，教师可以通过互联网搜寻的渠道获取教学知识、分享教学经验、研讨教学、协作教学等多元化的学习信息资源，通过与传统方式的有机结合实现教师信息化教学能力的发展。

第三，技术知识与实践应用的组合模式。在职前培训阶段，教师主要通过系统学习这一方式得到有关教师信息化教学能力方面的一些技术知识，在职培训阶段，散碎的教学技术知识由教师自主学习或参与培训而获得。只有将教师的教学实践这一步放在一个重要的位置才能实现将教学技术知识转变为教学应用能力的过程。在职前培训阶段，教师可以通过努力参与教学实习、在学习中体验模仿等方式培养将技术知识转化为实践应用这一能力。教师可以通过教学实践这一重要步骤把学到的教学技术知识转化为实践应用，教学实践也是及时转化技术知识的有效方式。教师可以在能力培训的各种项目中应用实践教学，在正确地认识自身实际的英语学科教学能力基础上，实现教学技术学习的目的。教师要选择有效的培训方式实现技术知识与教学实践应用相结合的目的。教师想要实现完美融合技术知识与实践应用的目的就要借助体验式和参与式等多种培训方式，有目的性、示范性和实践性地强化培训。通过以上做法，在教学实践应用的过程中，教师能够形成信息化教学能力。教师要充分的健全技术知识并深化技术知识表现形式，以此实现教学实践的动态应用。在职教师应在学科教学、教师信息化协作，如教学观摩、教学交流研讨等步骤中实现教学实践应用。教师将所学教学技术知识应用到实践教学中也是教师信息化教学交往能力发展的关键步骤。

（2）个人策略

个人策略立足于高校英语教师个人发展，旨在充分发挥个体主观能动性，有效实现内部、外部的条件和因素有效地融合，从而有效促进个人信息化教学能力的发展。

①自主内驱。教师的内驱力是高校英语教师信息化教学能力发展的直接影响因素。发展教师信息化能力的最终内驱力来自教师对自己信息化教学能力的自信心、保证态度正确、保证时间、准备知识等。在信息化社会中，教师信息化教学能力发展需要教师的专业成长来推进。

教师信息化教学情感直接影响教师态度和自信心的产生。这种情感使教师信息化教学知识体系和能力素质得到发展。教师能力的发展有赖于教师的意愿以及在信息化教学能力发展方面的自信心。在信息化社会中，需要努力提高教师信息化教学能力来实现教师的专业发展。从外部看信息技术与教师专业发展的关系，教师的专业发展需要信息技术从多个方向去推动；从内部看信息技术与教师专业发展的关系，在教师专业发展中，信息技术一直存在于知识和能力结构的各个方面，它不只是教师专业发展中教师成长的动力因素，还推动了教师的专业发展，是教师不断增强的自主学习力。教师自主学习从始至终体现在信息化教学能力发展的整个过程中。从上述条件中可以看出，教师需要做到终身自主地发展信息化教学能力。

教师要想提高信息化教学能力就要建立自信心，生成兴趣，并自主地付出精力。相反地，如果没有以上内部条件的支持，所有的外部条件以及发展知识的环境都是毫无作用的。

②自主学习。自主学习在高校英语教师发展职业生涯中是至关重要的一个环节。教师自主学习作为推动信息化教学能力不断发展的基本因素和动力源泉，从内部发挥力量促进教师专业发展。教师通过发挥自主学习能动力达到累积技术知识经验，促使信息化教学发挥效果，在信息化社会中推动学生的发展这一目的，将所学运用到实际中。在职前阶段，理论知识的学习是教师学历教育综合性学习的必经之路；在在职阶段，为了提高教学能力，教师会在培训中学习理论知识并在实践中应用；而在协作化教学中，交流对话、互相学习、共同提高是教师所需要做到的。教师的自主学习一直展现在教师获得教学知识这一关键过程中。在信息化社会中，教师的自主学习是一个重要环节，也是一种表达方式，更是一种能力的体现。在信息化教学能力发展的不同阶段，教师将知识化零为整；在信息化社会中，教师获得动态、可持续、终身的专业发展，这都取决于教师贯彻始终的自主学习。也就是说，教师要通过自主学习的方式积累知识，实现教师的信息化教学能力的不断发展。

③自主实践。高校英语教师可以通过自主实践中教学实践这一主要途径完成应用迁移，以此达到提高信息化教学能力的目的。教师使用信息技术的熟练程度可以分为六种：关注、学习过程、过程的理解与应用、熟练与自信、应用于其他情景、创造性地应用于新情景。在其他信息化教学情景中，信息化教学能力体现在教师能够实现教学技术知识和技能的应用转变，这些情景包括在职教师的信息化教学实践。在信息化社会中，教师在信息化教学这一新情景中学会以教学实践应用为主实现应用迁移。

在信息化教学过程中，教师的教学实践并不是单一的技术性教学实践，而是环环相扣的，智慧存在于反思中，反思存在于实践中。综上所述，这种教学实践引导了教师信息化教学生产智慧。在形式上，教师信息化教学实践似乎仅仅是"躯体的"，但它显然是教师教学技术知识、技能在具体情景迁移应用中的体现，更是教师信息化教学理论知识的"头脑"，是教师信息化教学能力知识的转化，也是一种"理论化的实践"。教师信息化教学知识体系与能力素质的"理论化实践"，实现了在"行动中反思"，并转向了"实践中理论"的生成。

因此，在不同的信息化教学情景中，教师主要通过教学实践实现信息化教学融合与信息化教学交往，在实践中反思，通过反思获得成长，最后生成并创造出教师信息化教学智慧。

④协作交流。作为高校英语教师信息化教学能力的关键子能力——信息化协作教学能力，这种协作能力在教学观摩与研讨、协作交流与科研等过程集中体现出来，从整体上帮助提高教师信息化教学能力的发展。帕尔默认为，任何行业的成长都依赖于它的参与者分享经验和进行诚实的对话，同事的共同体中有着丰富的教师成长所需要的资源。[①]

教师间的交流合作、相互提高需要通过教师的信息化协作能力来实现，教学经验交流、教学资源共享和教师信息化教学能力的发展都依靠教师的信息化协作教学能力。教师与教师之间、教师与专家之间、教师与学生之间的协作交流、对话等同属于协作教学能力。在信息化环境中，除了面对面的对话交流，协作教学对话交流也同样重要。信息化社会要求教师主要发展协作教学对话交流策略，这样的发展才更具时代意义。

第二节 信息化背景下高校英语阅读教学的改革与创新

"信息技术在全球的广泛使用，不仅深刻影响着经济结构与经济效率，而且对社会文化和精神文明产生了深刻的影响。信息技术已引起传统教育方式发生深刻变化。计算机仿真技术、虚拟现实技术、远程教育技术因信息载体的多样性，

---

① 张宛. 大学教学中教师专业自我建构的实践理性——帕克·帕尔默教师专业发展思想探析[J]. 河北大学学报, 2022.

使学生克服时空障碍，更加主动地安排自己学习的时间和进度，为学生提供宽松、内容丰富的学习环境。"①

一、信息化对英语阅读教学的促进作用

（一）有助于激发学生兴趣

兴趣是最好的老师。学生能够自觉学习和主动学习基于产生阅读英语的浓烈兴趣。教师可以通过使用信息化的网络学习平台激发学生产生阅读英语的兴趣。学生进入学校的英语阅读网站后，可以在英语阅读平台选择适合自己的阅读方式。阅读平台通过设置一些英文阅读游戏来提高学生的阅读兴趣，阅读游戏规则会随着阅读量的积累而提高游戏排名，这样的升级模式在很大程度上激发了学生阅读的动力。在这样的寓学于乐的学习过程中，学生会因为游戏设定而更加专注地去阅读，学生的知识体系也在不断构建和完善以及自我化。

（二）有助于开展分层学习

由于学生们的英语阅读水平都不尽相同、有好有差，如果平台上出现的阅读文章难度相同、水平相当，就会出现水平较高的学生觉得太过简单，而水平较差的学生又觉得太难的现象。所以，英语阅读学习平台要尽快地作出改变，根据不同水平的学生设置难度不同的阅读文章，让不同水平的学生都能学到知识。网络平台要为不同水平的学生提供不同层面学习，学生也要根据个人爱好和英语水平自主选择和学习自己感兴趣的英语文章，有目的地去学习。

在一些教学案例中，教师从教材或英文课外书中发现相关话题，并将其运用到英语课堂中以延伸拓展课堂内容，激发学生的学习主动性。教师应根据难易程度将收集到的阅读材料进行精挑细选、按级分类，这样方便不同能力水平的学生根据自身条件挑选合适的阅读文章。之后，教师可以再将挑选出的阅读材料按照体裁和题材编排，这样有助于学生挑选出自己感兴趣的阅读文章。最后，教师应将层层筛选、整理完善的阅读资料全部放置在阅读平台上，给学生发放个人账号，

---

① 姜永生. 信息化教学概论 [M]. 北京：中国铁道出版社，2018.

让学生使用账号登录平台，自主选择所要阅读的文章。这类能够满足不同学生水平的阅读平台，能够使学生自主挑选阅读材料的方式，都能够激发学生学习的动力。

（三）有助于给学生提供远程协助

在阅读教学课堂中，学生之间相互讨论文章有助于学生开拓思维，但这种方式存在一个缺点，部分学生没有机会表达想法。自主阅读学习是学生课外阅读的主要方式。一般情况下，学生通过查阅字典解决在阅读中遇到的生词，也会出现一些比较困难的情况。例如，学生对于在文章中遇到晦涩难懂的难句、长句以及对文章主旨内涵等较深层次的理解无法掌握，此时教师可以发挥引导作用。但是，受到时空的限制，有些学生没有得到教师面对面指导的机会，在阅读中遇到问题被遗留下来，没有得到及时解决，这就会影响学生的阅读进度，会慢慢把学生的阅读积极性消磨殆尽。网络信息的出现给学生和教师提供了阅读交流平台，有效地解决了学生和教师受时间和空间的影响问题。教师和学生可以自己找合适的时间进行网络平台线上互动交流，通过互联网解决在阅读过程中遇到的问题。

（四）有助于培养学生阅读习惯

正宗的英语语言思维的形成依赖于学生的阅读能力的培养，培养英语阅读能力可以有效避免学生说"中式英语"，帮助学生扩大词汇量巩固语法和词句，为英语后期学习做好铺垫。目前，高校教材中一大部分的阅读练习内容长久没有更新，无法吸引学生的阅读兴趣，造成学生的阅读思维滞后，无法达到预期的练习效果。学生阅读习惯的培养是一个日积月累的过程，一开始从简单的短篇入手，之后一点点增加难度。在这个过程中，教师要挑选出符合学生阅读能力的阅读内容，不要让学生因难读难懂而产生退却情绪。教师还可以在网络上搜索、收集一些内容丰富且包含新鲜时事的文章，激发学生的阅读兴趣，通过这些手段使学生投入到文章阅读当中，使学生逐渐形成阅读思维，并在阅读文章时达到有效练习。

（五）有助于推动听说读协同学习

首先，信息化学习为学生带来包含当下时事的文章，从而拓宽了学生的眼界。

其次，一些英语学习软件自带在线翻译、朗诵文章和重点解释等多种功能，使学生在进行自主阅读学习时更加便捷。在阅读文章的过程中，学生可以测试自己的口语和听力能力，增大词汇量，从多种途径提高英语学习能力。

（六）有助于提高教学效率

市面上大多数教学软件专门为学生设计了一日时文，还增加了学生的时文阅读进度、得分、点评等功能。教师可以根据班级中学生的实际学习情况制订合理的教学计划。这样一来，既可以使教师的教学压力得以减轻，又可以使教师的教学质量和教学效率得到提高。

二、信息化英语阅读教学改革的相关理论及应用

（一）学习动机理论

学生出现学习行为的因素众多，其中最主要的因素是学习动机。学习动机与学生的兴趣爱好、学习需求和个人价值观等息息相关。举个例子，假如学习者对某一方面产生了学习的欲望，他就会对自己掌握该方面知识技能的真实需求进行判断，思考该知识技能对自己是否有所帮助进行分析，在想清楚这些之后，计划自己需要花费的时间和精力，并且在技能知识学习完成的同时获得满足感。

高校英语教学模式的转型需要遵循学习动机理论，要想找出适合学生的学习方法，就需要教师研究学生的学习动机，通过建立网络化信息学习环境来提升学生的英语阅读能力。语言学习最为重要的环节就是创设语言环境，这是从语言学习规律中得出的结论。应用语言学家 S.P. 科德（Corder）曾说过："不能只是教会学生一种语言，要善于为他们创设一种有助于外语学习的环境。"他实际上就是在说，学生要想流畅地掌握相关的语言知识，需将自己置于相关的语境中。但是，在中式英语课堂中，教师只能借助网络平台和多媒体工具创设出接近真实英语语言的环境，以此促进学生英语知识的学习和实践运用，提高学生的综合能力。

借助信息技术创设的第二课堂可以打破传统限制有效加强学生的健康发展，并且从多方面给学生创造利用课余时间进行自主学习。相比于传统英语课堂教学，

在网络上，学生可以很容易就搜集到各种各样的英语资料，并且可以通过网络快捷地分享给任何人，有着较强的互动性，这样的方便快捷是传统课堂教学难以企及的。互联网的普及有助于学生在课下进行自主学习。互联网英语资源以视频、音频和图文多元化形式呈现，这些资料更为生动、形象和直观地将课程呈现在学生眼前。通过互联网营造出的英语交流互动环境可以帮助学生随时学习，这些丰富、新鲜和多元化的英语资源可能会刺激着学生的敏感神经，从而使学生学习英语有了强烈的主动性。不仅如此，学生在使用互联网进行线上学习的同时，交际圈也会逐渐扩大，甚至可以与以英语为母语的人用英语交流。在实际交流中，学生可能感受到英语作为一种语言工具是很有美感的，这样的语言魅力就会激励着学生主动学习，实现人生目标。

英语等级考试、学生学习兴趣、教学氛围、师生关系等多种元素构成了高校英语课堂环境。高校在学生毕业和就业的时候要降低对英语等级考试的考察，使学习不再功利性。在日常生活和未来职场工作中，使学生感受到英语的重要性，掌握英语技能是工作生活中非常有必要的，这在学生内心创造了学习动力，使他们学习英语更具有主动性。

教师自觉地在课堂上和学生建立良好的师生交流关系进行英语互动，同时还要学习使用丰富多彩的硬件设备和软件资源，在课下和学生继续不断交流，增进感情。教师可以利用当下流行的且不受时间和地域限制的软件，如微信、QQ和电子邮件和学生进行交流、沟通和互动，实现线上语音、视频通话交流。学生可以利用这种网络交流方式根据自己的时间安排交流，这种线上讨论的方式增强了学生学习的积极性，提高了学习效率。此外，这种方式使一些内向、腼腆的学生放下戒备心理，广泛地加入交流互动中，互联网交流平台的使用构建出和谐、友好的课堂氛围，实现了教师和全体学生的互动、交流。

（二）情境认知学习理论

在行为主义之后，学习理论和认知心理学相结合形成了情境认知理论。情境认知理论主要刺激学习行为，描述学习信息，对认知印象进行加深。情境认知学习理论并不能将实践活动与情境简单地分离开来。实践活动是依附于学习的，需要协调实践活动与情境创设两方面内容，将知识融入情境当中，使学习活动呈现动态化。情境认知理论强调以学生为主体。在学习和实践中，与学生生活有关的个人需求尤为重要，教师可以将学习的内容融入所创设的逼真生活情境中，让学生在这样接近于实际生活的情境中学习知识，学会用知识解决问题。

英语阅读教学可以在"互联网+"情境认知体系基础上作出改变。

①在讲课之前，教师可以利用互联网让学生自主预习。具体操作为：教师可以将上课涉及的单词、对话以及短语的音频视频提前上传到网络学习平台，学生可以利用各自的电子设备下载预习，这样方便学生充分利用零碎时间提前完成听力练习。这种方式实现了分层教学，英语学习能力好的同学看一遍就能完成练习，英语学习能力差的同学还可以反复学习完成练习。这样一来，教师在上课时就不用重复播放，节省了时间并且满足了不同水平的学生需求。由于平台里会有下载记录，能够快捷地统计登录次数，统计结果也会在分数上体现，这对学生也就形成了一种无形的监督，促使学生自主学习教师布置的课前资料。

②在线上预习后，教师和学生就要参与线下课堂的授课和学习了。线下课堂的主要内容是解决学生预习时出现的问题，推动全体学生快速地掌握英语阅读的标准，将以前课堂教学中反复播放音频和视频的教学环节留在课外成为预习环节。在新的教学模式中，教师需要将英语授课变成"实训课"带着学生反复读和练，这将达成英语教学的两个要求：外语教学规律和职业教育教学。

③在课后，学生可以登录平台下载本节课的课件，对知识点进行查漏补缺，对课上没有理解的讲解进行复习总结。在复习的过程中，学生可以通过网络平台向教师请教自己无法独立解决的疑问，教师也要积极帮助学生理解难题。网络平台上的交流互动实现了师生之间的有效交流，能够帮助学生养成求学好问的习惯。

"互联网+"情景认知英语教学法符合大学生的学习习惯，是可以实行的。首先，互联网的使用激发了学生的学习热情，学生更愿意主动学习；其次，互联网的使用促使学生的知识面更加开阔，方便学生随时随地学习。

在"互联网+"背景下，互联网技术在英语教育中的广泛使用能够为英语教学创设多种情境以及丰富的资源和案例，为教师快速掌握学生的差异性创造出更多的可能性。在明白学生的学习动机之后，教师要有目的地为学生创设学习情境有助于学生吸收和理解知识。

三、信息化英语阅读教学策略的创新

（一）基于移动学习的英语阅读自主学习

"信息技术新时代下，移动学习应界定为：移动学习是学生依据数字化学习方式，借助移动互联网技术和各种便携式移动学习设备（如智能手机、IPAD、笔记本电脑），可随时随地发生的，可进行互动的学习方式。"[①] 移动学习具有个性化、互动性、碎片化和多样化的特点。通过移动端，学生可以根据自己的学习水平和偏好来选择学习内容、学习地点和学习时间。在移动学习中，学生可以通过移动设备，与教师、同伴或其他学生进行人人交互，也可以与机器、与平台进行人机交互。通过移动端，学生可以利用碎片化的时间学习，可自行决定学习时间的长短。无线移动技术的发展可以使图片、声音、动画、视频等多媒体同步呈现，极大地丰富了学习内容，增强了学习兴趣。

市场上的英语语言阅读学习 App 根据学习内容，大致可以分为四类：原著类、新闻类、考级类和教材（辅）类。原著类的学习资源是英文原著小说，相当于传统的书籍阅读；新闻类的学习资源是国内外最新发生的政治经济新闻、科技发明和趣闻逸事等，内容相当于纸质报纸阅读；考级类主要以国内外知名的英语考试为内容，学习资源也是与考题直接相关的，作用与传统的练习册相近；教材（辅）类主要是包括电子化的教材和教材辅助学习软件。教师可向学生传授以下基于移动端的英语阅读学习策略。

1. 运用电子词典

大部分英语阅读 App 都有内嵌词典，即使没有，可通过"复制"功能调至"有道词典"App 查阅生词或翻译句子。除了生词的中文注释外，学生还应关注生词的发音、音标和例句。

---

① 谭宗燕. 基于移动学习的大学英语课程设计研究 [M]. 长春：吉林出版集团股份有限公司，2020.

2. 利用中英文对比深化理解

英语阅读 App 提供阅读材料或部分阅读材料的中文译文。学生可根据阅读困难，决定是否或何时参考中文译文，以加强对材料的理解，或检查自己是否正确理解了材料。

3. 难度匹配，循序渐进

英语阅读 App 都以不同的形式标记了阅读材料的难度等级。有的 App 是以权威的阅读分级 Lexile 测评体系为量表，通过对学生阅读能力的科学评估，确定个性化专业阅读任务。在阅读前会有初始测试，通过 25 道阅读测试测量学生的 L 值，然后推荐相应等级的书籍。有的 App 则是在初始状态下让用户自己选择学习水平，比如四六级、雅思、托福，然后根据相应等级的词汇量挑选出每篇文章的生词，用户可以自行选择生词过滤的功能。学生应根据自己现有水平来选择相适的阅读材料，并循序渐进提升阅读水平。

4. 学练结合

许多英语阅读 App 会提供阅读后的练习，且以选择题形式呈现，学生的做题正确率会同步显示。学生可借此检测自己对篇章的正确理解情况。

5. 趣味驱动

学生可利用英语阅读 App 的趣味性缓冲学习疲劳，强化阅读学习的可持续性。有的 App 以生动的插图提高用户的阅读体验，有的 App 则以阅读材料的趣味性和单词接龙等小游戏来营造阅读的快乐氛围。

6. 读听结合

许多 App 开设了原声朗读的功能，学生可以采取先读后听、先听后读等方式，让听力输入和阅读输入同时发生，以强化自己对生词的记忆和理解。

7. 成就获取

相对于趣味性，成就感对于学习的驱动效果会更好，更有助于学生持久性地阅读学习。几乎所有的英文阅读 App 都设置了不同类型的激励机制，例如阶段性测试、阅读排行榜、积分制、会员制、虚拟货币、显示正确率等。对此，学生可以有选择地使用。

8. 交互协同

英语阅读 App 一般都能提供不同程度的交互，如人机交互、生生交互、师生交互。通过练习，可实现人机交互；通过班级论坛，可实现师生交互；通过评论、问答和翻译等，可实现生生交互、师生交互。学生使用交互功能，可缓解"一个人在战斗"的孤独感。一方面，通过交互，学生可以检验和强化自身学习效果；另一方面，通过交互，特别是人与人之间的交互，学生可以产生正向情感驱动，喜欢上阅读，或者使阅读行为持续化。

（二）数字化批注式英语阅读

批注式阅读是阅读者通过调动自己的自主学习能力、运用自己的各项思维对阅读的文章进行评价和注解，也可以看成一种阅读者使用文字与自己所阅读文章之间进行的独特交流。

学生在数字化阅读过程中，借助具有批注功能的软件或者批注软件进行批注，这就是数字化批注式阅读，具体地讲，是使用文字、符号、声音等形式在阅读文本上将自己的感悟、思考、疑惑记录下来。

批注式阅读有助于学生找到学习的方向，通过记录学习过程培养学生发散思维和探究问题的能力，发展创新能力，促进读写相长并提升表达能力，增强自主学习和终身学习的能力。

数字化批注工具可分为电子文档批注工具、网页批注工具和社会化批注工具三类。其中，电子文档批注工具包括 Microsoft Office 办公软件中的 Word、Excel 和 PowerPoint，金山公司的 WPS 办公软件，打开后缀名为 .pdf、.caj、.kdh 的软件工具。网页批注是指通过网络平台进行文章阅读时，利用浏览器给出的工具对有关内容进行中批注（有关工具具有下划线、高亮或添加批注等功能），其实就是线上笔记批注。"页面标注"或"网络标注"都是指的网页批注。网页批注工具有基于服务器的，有基于浏览器插件的，也有基于代理服务器的。社会化批注是一种基于中间代理对第三方的只读网络资源添加批注，可以再现或分享批注及其上下文的 Web2.0 应用。简单来说，社会化批注是一种应用 Web2.0 思想和技术的、基于代理的网页批注系统。

1.教师的教学应用策略

（1）数字化批注式阅读教学的应用

批注式阅读是一种新型的教学形式，将问题作为中心，将自主探究作为据点，结合读写模式。在阅读预习阶段，教师提前考虑可能出现的问题，准备好阅读资料，向学生展示本节课的重点与难点，学生依据教师给出的学习目标预习课文，并在阅读的过程中做简要批注。读写结合的合作型学习方式是批注式阅读教学进行的重要途径。一方面，学生可以利用教师给予的相关资料，借助网络搜索的资源先自己阅读文章，在阅读过程中借助数字化批注工具记录下自己的感悟和疑问等；另一方面，可以将自己的阅读批注共享给小组成员，对阅读内容进行交流和讨论。在交流和讨论时，教师要在一旁时刻关注，在发现有偏离主题的趋势时及时引导。批注阅读成果讨论出来后由各组代表出面展示，全体同学可以更深入讨论各组代表展示的批注阅读成果，教师从旁协助，及时解答出现次数较多的问题，最后归纳总结相关问题与知识点。这个时候，教师可以将自己所做的阅读批注分享给全体学生，帮助全体学生总结整体教学内容并做适当的拓展和延伸。

通过这种阅读方式，学生可以实现自主、合作和探究学习，凸显学生的主体地位，促进学生沟通交流的能力提升，使学生的主观能动性得以发挥。学生也会愿意去阅读英语，从而提高自己阅读英语的水平。在整个阅读教学活动中，教师起着引导、监控和帮促的作用，是一个设计者和辅助者。

（2）将数字化批注工具应用到作业批改中

在数字化环境中，教师可以利用数字化批注功能批改作业，学生可以根据教师在作业文本上的批注信息进行英语学习。在批改作业的过程中，教师利用批注工具，如各种符号、不同颜色、下划线等，将学生作业中出现的错误圈起来，并加以批注文字，然后反馈给学生。不仅如此，学生之间也可以互相批改作业，这样可以使学生评价和发现问题的能力得到提升，掌握一些批注工具的使用方法，并能在实际操作中熟练使用。

2.学生对批注工具的应用策略

（1）培养英语数字化阅读的意识

根据心理学研究得出，学生的主观意识对学生选择何种学习行为有着很大影响，只有学生发自内心地愿意学习英语，才会为主动学习英语付出实际行动。在当今这个时代，学习英语和使用数字化阅读是一种时代发展趋势，学生应该认识到这些技能的重要性且要养成利用网络数字技术学习英语的习惯。在调查中，有一大部分学生往往因为看不懂英文文献而陷入自我怀疑，这就造成他们不愿意在网络上查阅英文资料。面对这种情况，学生首先要摆正自己的心态，所有学生都要主动培养数字化英语阅读的习惯，不管是不是英语专业的学生，都要持续提高自己的英语阅读量，遇到困难要勇往直前。

（2）养成良好的批注习惯，进行深度阅读

数字化阅读是一种新型阅读方式，在计算机广泛使用和网络快速兴起的双重影响之下产生了数字化阅读。越来越多的学生开始喜欢资源多样、方便快捷的数字化阅读。便捷阅读随之也暴露了数字化阅读过于简单零散的缺点，有时阅读已经不再是阅读，而只是零散、片面地浏览。这种快速浏览式阅读习惯导致人们对阅读内容的思考停留在表面，形成一种短时记忆。相比而言，批注式阅读是一种能够通过深入思考得到有效记忆的方法。学生在培养使用批注习惯上要刻苦勤奋。数字化阅读与批注阅读相结合会成为一种深度阅读，这样的阅读有助于学生发散思维，培养学生形成多种能力。

（3）学习并掌握批注工具的使用方法

学生要学会使用批注软件或具有批注功能的软件进行数字化批注式阅读，根据文档格式选择对应的阅读工具，而阅读工具的不同会造成批注功能使用方法不同。学生只有学会批注软件和阅读软件中批注功能的正确使用方法，才能进行批注式阅读。数字化批注式阅读的首个步骤是学生根据自己的阅读目标和阅读习惯选择合适的批注工具进行阅读，这是至关重要的。

（4）合理利用批注内容，增强批注内容的使用率

在阅读过程中，学生大都做一些批注，但是批注笔记在后期的学习过程往往被遗忘而不被拿出使用，导致批注式阅读的功效并没有真正发挥出来，反而成为浪费时间的无用批注。造成这种局面受批注动机的影响很大。学生可以将自己的批注成果共享，并提升文化交流层面的能力。学生应根据自己在阅读中形成的感悟和思考作出批注，这样的批注是出于阅读者对阅读内容独特、多元化的理解。

这些理解可能是正确或错误的，也可能是深刻或肤浅。在交流和共享中，学生可以品鉴其他人的批注方法，进一步完善自己的批注，使自己的批注质量明显提高，以便今后更好地阅读理解文章。

参 考 文 献

[1] 王晓裴. 信息化时代高校英语教学研究 [M]. 北京：经济管理出版社，2018.

[2] 白雅，岳夕茜. 语言与语言学研究 [M]. 昆明：云南大学出版社，2010.

[3] 车军. 基于自主学习的有效教学策略研究 [M]. 北京：光明日报出版社，2012.

[4] 陈燕. 大学英语教师专业发展新视角 [M]. 北京：中国政法大学出版社，2014.

[5] 陈长茂. 基础语言学 [M]. 郑州：河南大学出版社，1986.

[6] 段忠玉，林静，吴德. 翻转课堂模式中的英语案例教学研究 [M]. 北京：中国书籍出版社，2016.

[7] 樊永仙. 英语教学理论探讨与实践应用 [M]. 北京：冶金工业出版社，2009.

[8] 何少庆. 英语教学策略理论与实践运用 [M]. 杭州：浙江大学出版社，2010.

[9] 胡文仲. 高校基础英语教学 [M]. 北京：外语教学与研究出版社，2006.

[10] 王奕标. 透视翻转课堂：互联网时代的智慧教育 [M]. 广州：广东教育出版社，2016.

[11] 张俊杰. 基于U校园的混合式教学模式在大学英语阅读中的应用研究 [D]. 沈阳：沈阳师范大学，2022.

[12] 吴磊萍. 基于建构主义理论的混合式教学在大学生英语阅读中的应用研究 [D]. 兰州：西北民族大学，2022.

[13] 金婉. 体裁教学法对非英语专业大学生英语阅读理解和学习兴趣的影响研究 [D]. 西安：陕西师范大学，2021.

[14] 李佳音. 语篇分析在大学英语阅读教学中的实证研究 [D]. 沈阳：沈阳师范大学，2020.

[15] 彭江艳. 多模态教学模式在藏族大学生英语阅读教学中的实证研究 [D]. 兰州：西北民族大学，2020.

[16] 苗蕊. 基于图式理论的高职英语阅读教学策略研究 [D]. 扬州：扬州大学，2018.

[17] 汪芳. 任务型教学法在大学英语阅读教学中的实证研究 [D]. 南昌：江西科技师范大学，2016.

[18] 张庆华. 高校英语教师阅读教学实践性知识个案研究 [D]. 北京：北京外国语大学，2015.

[19] 杨南薰. 任务型大学英语教学中阅读任务实施的研究 [D]. 重庆：西南大学，2010.

[20] 孙琦. 大学生英语阅读观念分析与教学设计改进 [D]. 南京：南京师范大学，2004.

[21] 任贝贝. 大学英语阅读混合式"金课"建设 [J]. 黑龙江教师发展学院学报，2022，41（05）：148-150.

[22] 李雪. 语篇分析在大学英语阅读教学中的应用 [J]. 中国多媒体与网络教学学报（上旬刊），2022（05）：203-206.

[23] 林燕贞. 图式理论在大学英语阅读教学中的应用研究 [J]. 佳木斯职业学院学报，2022，38（05）：109-111.

[24] 闫辉霞. 任务型教学法在大学公共英语阅读教学中的实践运用 [J]. 江西电力职业技术学院学报，2022，35（04）：32-33.

[25] 秦金鑫，齐聪. 基于图式理论的英语阅读教学研究述评 [J]. 教育观察，2022，11（11）：75-78.

[26] 刘煜丽. 大学英语阅读教学中的文化渗透探究 [J]. 佳木斯职业学院学报，2022，38（04）：77-79.

[27] 袁苑. 支架式教学模式在大学英语阅读教学中的应用 [J]. 山西能源学院学报，2022，35（01）：39-41.

[28] 乔兴兰. 大学英语在线阅读混合式教学实践探索 [J]. 遵义师范学院学报，2021，23（06）：136-139.

[29] 文慧. 高职英语阅读教学中翻转课堂的创新研究 [J]. 山东商业职业技术学院学报, 2021, 21（06）: 48-51.

[30] 郭涛. 新媒体时代大学英语阅读课教学改革实践与探索 [J]. 江汉石油职工大学学报, 2021, 34（06）: 74-75+78.